DUMONT
DIREKT

Languedoc
Roussillon
Mittelmeerküste

Marianne Bongartz

Inhalt

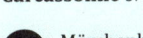

Das Beste zu Beginn

Faisons la fête!

Der Midi versteht es, ausgelassen zu feiern. Vieles findet draußen statt und ist gratis. Eine *agenda* gibt es in den Offices de Tourisme. Seite an Seite mit den Einheimischen feiern Sie bei den kleinen Dorffesten, wo abends an langen Tischen unter freiem Himmel gegessen und anschließend zur *musette*-Musik das Tanzbein geschwungen wird.

Rote Barke gegen blaue Barke

Ein Besuch der *joutes* gehört zu meinen festen Verabredungen im Sommer. Es ist immer wieder eine Gaudi, das ›Schlachtengetümmel‹ auf dem Wasser zu verfolgen. Eintritt wird nicht erhoben, selbst die Tribünen sind meist frei zugänglich. Per K.-o.-System wird der Sieger ermittelt – das kann Stunden dauern und kostet die Ruderer jede Menge Schweiß.

Grüne Wege

Das Netz der *voies vertes* wird im Languedoc immer dichter gesponnen. Mit jüngeren Kindern können Sie auf den autofreien Pisten ganz entspannt auf Entdeckungsfahrt gehen. Etliche Wege führen zum Strand. Es lohnt also, das Fahrrad ins Auto zu packen; vielerorts gibt's aber auch Leihräder – sogar mit E-Antrieb (www.af3v.org).

Schlemmen wie Gott in Frankreich

Ein Abend zu zweit im Restaurant strapaziert das Urlaubsbudget schnell mal mit 100 €. Machen Sie es wie die Franzosen und essen Sie die Hauptmahlzeit *à midi*. Wochentags bieten fast alle Restaurants ein attraktives Mittagsmenü. Selbst die Sterneköche locken mit Schnupperangeboten.

IN SITU
Zwischen Mitte Juni und Mitte September fördern Künstler mit Installationen an elf historischen Stätten den Dialog zwischen zeitgenössischer Kunst und dem regionalen Architekturerbe (http://patrimoineetartcontemporain.com).

Schaufenster guter Lebensart

Unverfälschtes Savoir-vivre bewahren die Wochenmärkte, wo vielfach lokale Produzenten ihre Waren feilbieten. Zwischen den Einkäufen für das Mittagessen bleibt hier allemal Zeit für ein Schwätzchen mit den Nachbarn oder für einen *apéro* in der Bar. Wann immer es geht, erledige ich meine Einkäufe in Mèze beim traditionellen Markt am Sonntag. Doch egal, wo Sie in der Region Urlaub machen, Sie werden problemlos Ihren Lieblingsmarkt finden (www.foires-marches.fr).

Sommer, Sonne, Strand

Grundsätzlich ist der Zugang zum Strand überall frei. Wenn Sie mit dem Rad zum Baden fahren, können Sie zudem Parkgebühren und verstopfte Zufahrtswege meiden. Nach ein paar Schritten findet jeder in den Dünen seinen Platz an der Sonne. Die schickere Alternative nennt sich *paillote:* Beach Clubs mit Strandliegen *(transats)* und Lounge-Musik, Bar und Restaurant. Der kleine Luxus ist natürlich nicht kostenlos (www.epaillote.com).

Umsteigen!

Klar, nur mit dem Auto können Sie zu den abgelegenen Winkeln vordringen. In die größeren Städte aber fahren Sie oftmals bequemer und zu einem Spottpreis per Bus und Bahn (▶ S. 113).

Famille Plus

Sechs Orte an der Küste und drei im Hinterland sind mit ihren Beherbergungsangeboten, Animations- und Betreuungsprogrammen auf Urlaubsgäste mit Kindern eingestellt (www.familleplus.fr).

Die goldenen Strände des Languedoc sind verführerisch, mich aber zieht es ins Hinterland. Dort beginnt der wahre Midi mit Landschaften von zuweilen ungezähmter Schönheit, stillen Dörfern und Schätzen aus einer 2000-jährigen Geschichte.

Fragen? Erfahrungen? Ideen?

Ich freue mich auf Post.

Mein Postfach bei DuMont:
bongartz@dumontreise.de

Das ist das Languedoc

Seit vielen Jahren ist das Languedoc(-Roussillon) meine zweite Heimat. So vergesse ich manchmal, dass dieser Name manchen von Ihnen nichts sagen wird. Dabei braucht sich die Region an der Mittelmeerküste im tiefen Süden Frankreichs keineswegs hinter ihren prominenten Nachbarn Provence und Côte d'Azur zu verstecken. Die Einzigartigkeit des Languedoc-Roussillon würdigte der Reisespezialist Loneley Planet im fernen Australien im Herbst 2017 verdientermaßen mit einem vierten Platz auf seiner Liste der Topdestinationen weltweit. Eine postume Ehrung, musste die Bindestrichregion doch 2016 mit ihrem Nachbarn Midi-Pyrénées fusionieren: Es entstand die neue Megaregion Occitanie (dt. Okzitanien).

Spiegel einer wechselvollen Geschichte

Roussillon, Languedoc, Occitanie – die Wurzeln dieser Namen reichen bis tief in die Vergangenheit zurück. Sie lassen an die Blütezeit regionaler Feudalstaaten denken, die mit dem Frankenreich im Norden weder Kultur noch Sprache teilten. Das Wörtchen ›ja‹ *(oc)* gab damals dem Süden seinen Namen: In der Oc-citanie wurde die *langue d'oc* gesprochen. Im 13. Jh. waren die Kreuzzüge gegen die ketzerischen Katharer der perfekte Anlass für die französische Krone, den Süden unter sein Joch zu zwingen. Einen eigenen Weg schlug das Roussillon ein. Die Grafschaft am Fuß der Pyrenäen fiel durch Erbschaft an die Grafen von Barcelona, später an die Könige von Aragón, und wurde schließlich zum Zankapfel spanischer und französischer Interessen, die Frankreich im Pyrenäenfrieden 1659 zu seinen Gunsten entscheiden konnte.

Strände von C bis C

Von der Camargue bis zur Côte Vermeille säumen feine, goldgelbe Sandstrände den Golfe du Lion. Nur bei Sète, Agde, Narbonne und Leucate unterbrechen Felsformationen den endlos langen Sand- und Dünengürtel. Wahrhaft grandios zeigt sich die Küste knapp vor der spanischen Grenze, dort wo die Ausläufer der Pyrenäen steil ins Meer abfallen. Lange Zeit brausten die Sonnenhungrigen auf dem Weg nach Spanien achtlos an diesen französischen Traumstränden vorbei. Dann erkannte Paris das Pfund, mit dem es zu wuchern galt: Brackwasserseen wurden trockengelegt und Mücken ausgemerzt. Aus dem Sand wuchsen Bettenburgen aus Beton neben weitläufigen Ferienhaussiedlungen und Campingplätzen. Jachthäfen öffneten den Zugang zum Meer. Dazu die Sonne als verlässlicher Partner. Ein Urlaubsparadies par excellence für Zigtausende Erholungsbedürftige entstand.

Wege, die nach Rosmarin und Thymian duften

Wenn Sie allerdings einen reinen Badeurlaub planen, werden Sie die schönsten Seiten des Languedoc verpassen. Nur wenige Kilometer hinter dem Küstensaum wartet ein einzigartiges Landschaftsspektrum mit vielfältigen Möglichkeiten für einen naturnahen und aktiven Urlaub. Unterwegs

Der Traum vom Haus im Süden – Franzosen aus der Hauptstadt, aber auch Engländer, Deutsche, Holländer und andere besitzen im Languedoc ein ›pied-à-terre‹. Manche Ruine erblühte so in neuer Schönheit. Die Kehrseite der Medaille: Für viele junge einheimische Familien ist ein eigenes Haus unerschwinglich.

auf schmalen Landstraßen überraschen beinahe nach jeder Kurve neue Eindrücke. Idyllische Dörfer und stattliche Weingüter tauchen im Meer der Rebstöcke auf. Im Frühjahr überzieht der Ginster die Karsthügel mit leuchtendem Gelb und hüllt das Land in seinen schweren Blütenduft. Später steigt das würzige Aroma von mediterranen Kräutern in die Nase, und das unermüdliche Zirpen der Zikaden lässt die Luft vibrieren. Wasser und Wind schufen bizarre Felsformationen, Flüsse gruben verwegene Schluchten und atemberaubende Talkessel. Unter der Erde hinterließ das Wasser kilometerlange Höhlenlabyrinthe und Grotten, in denen in Zigmillionen Jahren eine wundersame Welt aus Tropfsteinen entstanden ist.

Ein Fünf-Sterne-Ziel

Mindestens so aufregend wie die Natur ist das kulturelle Erbe des Languedoc. Sechs UNESCO-Welterbestätten sprechen für sich. Burgruinen auf steilem Fels konkurrieren mit romanischen Abteien, mittelalterliche Festungsstädte mit Zitadellen der Neuzeit. Nîmes prahlt mit römischen Prachtbauten, Montpellier hingegen schmückt sich mit avantgardistischen Architekturen von Pritzker-Preisträgern. Collioure und Céret schrieben an der Geschichte der französischen Malerei zu Beginn des 20. Jh. mit und die Hafenstadt Sète überrascht mit ihrem Sinn für zeitgenössische Kunst. Fünf Sterne verdient auch die Weinregion Languedoc-Roussillon mit ihrer unvergleichlichen Vielfalt an *terroirs*. Selbstverständlich können Sie im Languedoc auch wunderbar essen: Jeder Landstrich für sich ist ein Schlaraffenland. ›Leben wie Gott in Frankreich‹ ist hier wahrlich keine leere Floskel.

Languedoc in Zahlen

4

Départements besitzt die Région Occitanie am Mittelmeer: Gard, Hérault, Aude, Pyrénées Orientales.

5

Regionalparks schützen die Natur, darunter eine Meereszone.

6

Kilogramm Oliven verarbeitet die Ölmühle Oulibo im Minervois zu 1 l reinem Olivenöl in Kaltpressung.

13

Dörfer zählen zu den Plus Beaux Villages de France.

18

Monate brauchen die Austern im Etang de Thau bis zur Ernte; die Züchter am Atlantik müssen sich länger gedulden.

28

Michelinsterne leuchteten 2020 über der Region.

30

Prozent aller französischen Weine reifen im Languedoc, 244 698 Hektar sind von Reben bedeckt.

220

Kilometer Strände erstrecken sich von der Camargue bis zu den Pyrenäen.

14

Jahre, von 1667 bis 1681, dauerte der Bau des Canal du Midi. 12 000 Arbeiter fanden Beschäftigung bei dem Titanenwerk.

3

Sprachen und Kulturen: Französisch, Okzitanisch, Katalanisch

2784

Meter steigt der Canigou auf. Damit ist er zwar nicht der höchste Gipfel der Ostpyrenäen, aber für die Katalonen von großer Symbolkraft.

Tage im Jahr scheint die Sonne laut Statistik.

1481

Meter, also 1000 Doppelschritte, misst die Strecke zwischen den Wegsteinen an der Via domitia, die 118 v. Chr. Rom mit seinen gallischen Kolonien verband.

42 000

Platanen entlang dem Canal du Midi werden bis 2030 gefällt.

15 000

Einwohner von Béziers wurden 1209 von den Truppen Simon de Montforts niedergemetzelt.

600 000

Menschen schätzungsweise protestierten am 9. Juni 1907 in Montpellier gegen die staatlich geduldeten Weinpanschereien.

15 000 000

Urlauber empfängt das Languedoc jedes Jahr. Im Corona-Sommer 2020 blieben zwar viele ausländische Gäste aus, dafür machten mehr Franzosen Urlaub im eigenen Land.

So schmeckt das Languedoc

Die Küche des Languedoc duftet nach Garrigue, Knoblauch und Olivenöl. Während sich die Küste an den Austern von Bouzigues labt und natürlich an Fisch in jeder Form, schmort im Hinterland Deftiges in der Kasserolle, verleihen im Roussillon Kirschen, Aprikosen, Pfirsiche Herzhaftem eine süße Note. Jeder Landstrich trägt mit seinen Spezialitäten zu einer verführerisch gedeckten Tafel bei.

»Bon appetit«

Die Mittagszeit ist in Frankreich heilig. Kurz vor 12 Uhr eilen Handwerker nach Hause, sammeln Eltern ihre Kinder vor der Schule ein, schließen Geschäfte und Sehenswürdigkeiten. Selbst der Autoverkehr lässt nach. Im Vorbeigehen wirft man Ihnen noch ein kurzes *»bon appetit«* zu, dann sitzt ganz Frankreich zu Tisch. Auch Sie sollten sich jetzt einen Platz im Restaurant suchen. Wer erst nach 13.30/14 Uhr erscheint, wird höchstwahrscheinlich seinen knurrenden Magen behalten. Am Abend arbeitet die Küche von ca. 19 bis 21 Uhr. Nur im Roussillon, wo der spanische Einfluss zu spüren ist, verschieben sich die Zeiten um eine Stunde nach hinten.

Brot und Wasser

In Frankreich warten Sie, dass Ihnen der Kellner *(monsieur)* oder die Kellnerin *(mademoiselle* bzw. *madame)* einen Tisch zuweist. Die Frage nach dem Aperitif dürfen Sie ruhig negativ bescheiden. Brot wird zu jedem Essen gereicht. Die ebenfalls kostenlose *carafe d'eau* (Leitungswasser) müssen Sie jedoch inzwischen häufig extra ordern. Die Rechnung bringt die Bedienung nur auf Aufforderung *(l'addition, s'il vous plaît)*, und zwar üblicherweise als Gesamtrechnung. Getrennt zu bezahlen, entspricht nicht der Landessitte. Trinkgeld ist im Preis inbegriffen *(service inclus)*. Als Dankeschön für guten Service können Sie natürlich gerne ein paar Euros auf dem Tisch zurücklassen.

Immer ein komplettes Menü?

Mittags bieten viele Restaurants ein günstiges Tellergericht *(plat du jour)* oder eine sogenannte *formule* an, die die Wahl zwischen Vorspeise und Hauptgang oder Hauptgang und Dessert lässt. Andere Gerichte können à la carte bestellt werden. Sonntags und zum abendlichen *dîner* gilt

---

IM REICH VON BACCHUS

Zwischen Rhône und Pyrenäen lädt das weltweit größte zusammenhängende Weinbaugebiet überall zur Verkostung ein. Eine Vielzahl an Appellation-Weinen (AOC, Europa: AOP) zeigen, dass die Winzer auf Qualität setzen. Die Kriterien für das Gütesiegel erfüllen u. a. Cabardès, Corbières, Collioure, Costières de Nîmes, Coteaux du Languedoc, Côtes du Roussillon, Côtes du Roussillon-Villages, Faugères, Fitou, La Clape, Languedoc, Malepère, Minervois, Pic St-Loup, St-Chinian, Tavel. Eine Spezialität stellen die Vins Doux Naturels (VDN) dar. Zu den natürsüßen Weinen gehören sowohl die körperreichen Weine aus Banyuls und Maury als auch die fruchtigen Muscats aus Rivesaltes, St-Jean-de-Minervois, Frontignan, Lunel und Mireval. Nicht zu vergessen ist die Blanquette de Limoux, der älteste Schaumwein weltweit.

Crème catalan – eine Portion Lokalpatriotismus zum Dessert

es als schlechter Stil, lediglich einen Salat oder eine Vorspeise zu bestellen.

Fisch oder Fleisch?

Fisch und Meeresfrüchte beherrschen an der Küste den Speisezettel, wobei längst nicht jeder Fisch aus lokalem Fang stammt. Eine köstliche Vorspeise sind die *anchois de Collioure*, frisch marinierte Sardellen, oft mit gerösteten roten Paprikas serviert. Zu den Klassikern zählen das *plateau de fruits de mer*, eine Auswahl an diversen rohen Muscheln und Austern, die *soupe de poisson*, eine sämige Fischsuppe, in die man nach Belieben geröstete Brotwürfel, Aïoli und geriebenen Käse einrührt, sowie *bourride*, ein Fischragout mit Aïoli. Probieren Sie auch mal *tielle*, eine Teigtasche gefüllt mit Tintenfischragout.

Den Feierabend läuten unsere französischen Freunde gern mit einer Einladung zum *apéro* ein. Zum Muscat oder Wein werden Knabberzeug, Oliven, Wurst und andere kleine Leckereien rundgereicht. Nach ein, zwei Gläsern löst sich die Runde üblicherweise auf, jeder geht heim zum *dîner*. Aber keine Regel ohne Ausnahme!

ROUILLE DE SEICHE

Für den Klassiker aus Sète bevorzuge ich Kalmare *(encornets)* und verfeinere mit Crème fraîche statt Aïoli.

Zutaten für 4 Personen
1 kg Kalmare (ca. 10 cm lang), 6 Knoblauchzehen, 1 Tl Rouille-Gewürzmischung (Rosenpaprika, Chilli, Koriander, Safran), 200 ml trockener Weißwein, 3–5 El Tomatensoße, 125 g Crème fraîche, 1 Lorbeerblatt, Thymian, Salz, Pfeffer

Kalmare putzen, Tuben in mundgerechte Stücke teilen, mit den Tentakeln und den Seitenflügelstücken in Olivenöl anschwitzen. Fein gehackten Knoblauch, Rouille, Lorbeerblatt zugeben. Mit Weißwein ablöschen, Tomatensoße unterrühren, salzen. Ca. 15 Min. köcheln lassen, bis die Kalmare weich sind. Crème fraîche zufügen und ca. 5 Min. reduzieren. Dazu passen Reis oder Baguette.

Entenbrust oder Rinderschmorbraten sind gängige Fleischgerichte. Entrecôte ist nicht zu empfehlen, erweist es sich doch oftmals als ein dünnes, relativ zähes Fleischstück. Vorzugsweise im Hinterland werden auch ausgefallenere Speisen wie Schweinebäckchen, Wachteln oder Wild angeboten. Keine leichte Kost ist das berühmte *cassoulet* von Castelnaudary. Typisch für die Küche des Roussillon ist die Kombination von Fleisch und Früchten, aber auch *boles de picolat*, Fleischklopse mit weißen Bohnen in pikanter Tomatensoße, kommen hier häufig auf den Tisch.

Käse schließt den Magen

Die Käseplatte ist im Languedoc weniger üppig sortiert. *Pélardons*, kleine Ziegenkäse in verschiedenen Reifegraden, und *bleu de causses*, Blauschimmelkäse aus Schaf- bzw. Kuhmilch, sind AOC-Käse aus regionaler Produktion.

Ihr Languedoc-Kompass

#2
Zwischen Meer und Land – **Camargue Gardoise**

#3
Aufbruch Richtung Meer – **Antigone**

#1
›Nur‹ eine Wasserrinne – **Pont du Gard**

Amphibische Landschaften

VON WEGEN PROVINZ!

In **GROSSEN DIMENSIONEN** denken

WOMIT FANGE ICH AN?

Küstenparadies

#15
Sinfonie aus Licht und Farbe – **Côte Vermeille**

HIER IST KEIN DURCHKOMMEN

Steine erzählen die **BIBEL**

Benvingut!

#14
Bollwerke im Conflent – **Villefranche und Mont-Louis**

#13
Kleinode der frühen Romanik – **Klöster am Canigou**

#12
Frankreichs katalanische Ecke – **Perpignan**

12

 # 4

Pilgern in die Einöde –
St-Guilhem-le-Désert

 # 5

Leben und sterben
mit Meerblick –
Mont St-Clair

VOM TEUFEL GEEBNET

Himmelsleiter

EINE GIGANTISCHE
TREPPE AUS WASSER

 # 6

Mit dem Boot
über den Berg –
Fonseranes

War das etwa Molière?

 # 7

Trödeln im Dichter-
städtchen – **Pézenas**

MANCHMAL
GRÜSST
EIN
MUFFLON

 # 8

Grüner Weg durchs
Haut-Languedoc –
Passa Païs

DIE PERFEKTE RITTERBURG

Nur eine Illusion

aussichtslos?

 # 9

Märchenhaft – **La Cité
de Carcassonne**

 # 11

Adlerhorste aus
Stein – **Châteaux
cathares**

 # 10

Von Weinbauern und
Seefahrern – **La Clape**

Nîmes und Pays du Gard

Schlank aufragende Zypressen, die über Weinfelder wachen – ein untrügerisches Zeichen, dass Sie im Languedoc angekommen sind. In den Hügeln des Gard kämpft das hellgrüne Laub des Weins mit dem staubigen Grün der Garrigue um die Vorherrschaft. Hier finden sich die beeindruckendsten Zeugnisse aus römischer Zeit: Denken Sie nur an den Pont du Gard oder die Arena in Nîmes. Die Herzogsresidenz Uzès und die Kreuzfahrerhochburg Aigues-Mortes (Foto) lassen hingegen das Mittelalter lebendig werden. Auf einer Fahrt durch das Rhône-Delta offenbaren sich die Traditionen der Camargue. Die Mittelmeerstrände schließlich bieten alles für einen perfekten Badeurlaub.

Nîmes 🗺 P/Q 8/9

Die Hauptstadt des Département Gard (145 000 Ew.) lädt Sie zu einem Streifzug durch mehr als 2000 Jahre Geschiche ein, besticht aber nicht zuletzt durch ihr mediterranes Flair. Die verwinkelte Altstadt besitzt eine Fülle an Bars, Cafés und Restaurants an lauschigen Plätzen. Die Nîmois wissen entspannt zu genießen.

ERST EIN WENIG GESCHICHTE?

Unter Kaiser Augustus wurde das Römerlager an der dem keltischen Gott *nemoz* geweihten Quelle 45 v. Chr. zur Colonia Augusta Nemausus erhoben. Nach dem Vorbild Roms schmückte sich die Kolonie mit Forum und Amphitheater, Tempeln und Thermen. Aber nach dem Untergang des Römischen Reichs ging es auch mit Nemausus bergab. Erst im 18. Jh. bescherte die Textilverarbeitung der Stadt wieder eine Phase des Wohlstands. In den 1980er-Jahren suchte Nîmes sein provinzielles Image mit kühnen Neubauten abzuschütteln. So entstanden unter der Federführung namhafter Architekten ein neues Stadion, das Carré d'Art sowie diverse Büro- und Wohnkomplexe.

Warum wählte Nîmes ein Krokodil als Stadtwappen? Nein, es war kein Protagonist der Kampfveranstaltungen in der antiken Arena. Wer genau hinschaut, erkennt, dass es an eine Palme gekettet ist. Den hier angesiedelten römischen Veteranen galt die gebändigte Bestie als Symbol des eroberten Ägypten. Sie ließen das Emblem auf Münzen prägen. Heute ist es tausendfach auf Metallknöpfen in das Pflaster der Altstadt eingelassen.

WAS TUN IN NÎMES?

Den Römern auf der Spur

Durch die **Porte d'Auguste** `1` betraten Reisende, die auf der *via domitia* von der Rhône in Richtung Pyrenäen unterwegs waren, das antike Nîmes. Heute steht hier eine **Bronzestatue** (Kopie) Kaiser Augustus. Das Tor ist eines der wenigen Relikte der um das Jahr 15 v. Chr. erbauten **Stadtmauer.** Mit einer Länge von 7 km und etwa 80 Türmen umschloss sie eine Fläche, die mehr als fünfmal so groß war wie die heutige, von Boulevards umzirkelte Altstadt, *écusson* genannt. Vom Ruhm römischer Tage zeugen eindrucksvoll die **Arènes** `2` aus dem 1 Jh. n. Chr. (www.arenes-nimes.com, tgl. Juni 9–19, Juli, Aug.9–20, März–Mai, Sept., Okt. 9–18/18.30, Nov.–Feb. 9.30–17 Uhr, 10 € inkl. Audioführer auf Deutsch, 7–17 J. 8 €). Zwei übereinandergestellte Arkadenreihen auf ovalem Grundriss lassen das Kolosseum in Rom als Modell erkennen. Mit 133 m Länge, 101 m Breite und 24 000 Zuschauerplätzen sind sie zwar nicht die größte antike Kampfstätte, aber erstaunlich gut erhalten. Die Westgoten nutzten sie als Festung, und noch im 18. Jh. wohnten innerhalb der Mauern mehrere Hundert Menschen, bevor schließlich der Originalzustand wiederhergestellt wurde. Seit 1853 dienen die Arènes den Torreros als grandiose Kulisse für ihr blutiges Geschäft, aber das Oval ist auch Schauplatz für *courses camarguaises*, Konzerte und Theater.
Einen spektakulären Blick auf die Arènes genießen die Besucher vom Dachgarten und Rooftop Restaurant des **Musée de la Romanité** `3` (13, bd. Amiral Courbet, https://museedelaromanite.fr, April–Okt. tgl. 10–19, Nov.–März Mi–Mo 10–18 Uhr, 8 €, 7–17 J. 3 €). Die ambitionierte Architektur sucht bewusst den Kontrast zum antiken Baudenkmal. Die Ausstellung mit ca. 5000 archäologischen Fundstücken, darunter wunderschöne Mosaikfragmente, beweist, wie spannend Geschichte dank Einsatz multimedialer Technik präsentiert werden kann.

NÎMES

Sehenswert

1. Porte d'Auguste
2. Arènes
3. Musée d. l. Romanité
4. Maison Carrée
5. Carré d'Art
6. Temple de Diane
7. Tour Magne
8. Castellum
9. Musée Vieux-Nîmes
10. Cathédrale

In fremden Betten

1. Central Hôtel
2. Royal Hôtel

Satt & glücklich

1. Nicolas
2. La Table du 2
3. Halles Auberge

Stöbern & entdecken

1. Les Indiennes de Nîmes
2. Huilerie

Wenn die Nacht beginnt

1. La Grande Bourse
2. O Flaherty's

Antike trifft auf Moderne

Auf dem antiken Forum wurde um das Jahr 5 n. Chr. zu Ehren des Gaius und des Lucius Caesar, Enkel und Adoptivsohn von Kaiser Augustus, ein wohlproportionierter, auf einem Podium thronender Tempel errichtet. Eine umlaufende Säulenreihe verleiht der sogenannten **Maison Carrée**

4 (tgl. Juni 10–19, Juli, Aug.9.30–20, März–Mai, Sept., Okt. 10–18/18.30, Nov.–Feb. 10–13, 14–16.30 Uhr, 6 €) eine gewisse Eleganz. Das rechteckige, keineswegs quadratische *(carrée!)* Bauwerk überdauerte als Regentsitz, später Pferdestall und Kirche weitgehend unbeschadet die Jahrhunderte. Im Innenraum

Dieser ›himmlische‹ Blick auf die Maison Carrée öffnet sich von der Terrasse des Restaurants Le Ciel de Nîmes oben im Carré d'Art.

lässt ein Film im 3D-Format 2000 Jahre Stadtgeschichte Revue passieren.

Das Umfeld der Maison Carrée wurde 1993 von Sir Norman Foster gestaltet. Als Pendant zum antiken Tempel konzipierte der britische Stararchitekt das **Carré d'Art** 5 (pl. de la Maison Carrée, www.carreartmusee.com, Di–So 10–18 Uhr, Museum 5 €, red. 3 €). Die lichtdurchflutete Glas-Stahl-Konstruktion beherbergt eine hochmoderne **Bibliothek** und **Mediathek**, das **Musée d'Art Moderne** und das Restaurant **Le Ciel de Nîmes.**

Die Keimzelle von Nîmes

Die Brunnenfiguren auf der hübschen **Place d'Assas** verkörpern den Quellgott *nemausus* und die Quelle *nemausa*, die ein paar Schritte weiter am Fuß des Mont Cavalier sprudelt. Die Quelle war bereits den Kelten heilig. Die Römer übernahmen den Kultplatz, bauten Tempel, Theater und Thermen. Erhalten blieb nur die romantische Ruine des sogenannten **Temple de Diane** 6. Die tatsächliche Funktion des Gebäudes aber gibt bis heute Rätsel auf. Mitte des 18. Jh. schuf die Stadt hier mit dem prächtigen barocken **Jardin de la Fontaine** (tgl. April–Aug. 7.30–22 Uhr, März, Sept. 7.30–20, Okt.–Feb.

7.30–18.30 Uhr) Frankreichs erste öffentliche Parkanlage. Auf verschlungenen grünen Wegen können Sie weiter den **Mont Cavalier** zur **Tour Magne** 7 (pl. Apollinaire, tgl. April, Mai 9.30–18.30, Juni 9–19, Juli, Aug. 9–20, März, Sept., Okt. 9.30–13, 14–18, Nov.–Feb. 9.30–13, 14–16.30 Uhr, 3,50 €) aufsteigen. Um sein oberstes Geschoss beraubt, ragt der einst größte und höchst gelegene Turm der römischen Stadtmauer immer noch 32 m auf. Im Innern der Ruine führt eine Wendeltreppe – bei Höhenangst ein Problem! – zur Aussichtsterrasse hoch über Nîmes.

Rechter Hand ist das **Fort Vauban** (17. Jh., heute Universität) auszumachen, in dessen Mauerschatten das **Castellum** 8 (rue de la Lampeze/Ecke rue d'Albenas) liegt. Es ist Endpunkt des antiken Aquädukts, über das der Kolonie Quellwasser zugeführt wurde (▶ S. 20). Das Verteilerbecken ist zwar für Archäologen einzigartig, für den Laien lohnt der Weg dorthin jedoch kaum.

Ein ganz besonderer Stoff

Welche Geschichten Nîmes nach römischer Zeit schrieb, etwa die eines hier gefertigten strapazierfähigen, blauen

Baumwollstoffs, erzählt im ehemaligen Bischofspalast das **Musée du Vieux Nîmes** 9 (pl. aux Herbes, Di–So 10–18 Uhr, 5 €, unter 18 J. frei). Der *bleu de Nîmes* (Denim) wurde von *Gênes* (Genua) in die Neue Welt geliefert und eroberte als Blue Jeans den gesamten Erdball. Die Fassade der romanischen **Cathédrale Notre-Dame et St-Castor** 10 (11. Jh., Wiederaufbau 19. Jh.) können Sie dann bei einem *p'tit noir* von der **Bar des Beaux Arts** aus betrachten. Oder Sie schlendern weiter zu den Café-Terrassen auf der langgestreckten **Place de l'Horloge** oder zur hübschen **Place du Marché,** deren Brunnen das an eine Palme gefesselte Krokodil bewacht.

SCHLAFEN, SCHLEMMEN, SHOPPEN

Klein, aber oho!
Central Hôtel 1
Das Altstadthotel an der Porte d'Auguste hat ein schickes Facelifting erhalten. Die Zimmer, selbst die Suiten, sind zwar sehr schmal, aber topmodern und hochwertig eingerichtet, ruhig und klimatisiert. In der Nummer 403 haben Sie einen super Ausblick über die Stadt.
2, pl. du Château, T 04 66 67 27 75, www.hotel-central.org, DZ ab 60 €

Alte Mauern, zeitgemäßer Komfort
Royal Hôtel 2
Das kleine Hotel überzeugt mit freundlichem Service und entspannter Atmosphäre. Schlichtes Weiß und klare Linien dominieren die 21 Zimmer. Die am Innenhof sind zwar dunkler, aber angenehm kühl und ruhig. Denn im Tapas-Restaurant La Bodeguita (Di–Sa abends geöffnet), das sich im Erdgeschoss des Hotels mit Terrasse zur Place d'Assas öffnet, kann es an Sommerabenden recht lebhaft zugehen.
3, bd. Alphonse Daudet, T 04 66 58 28 27, www.royalhotel-nimes.com, DZ ab 90 €, Angebote ab 65 €

Familiensache
Nicolas 1
Auf eine Terrasse müssen Sie hier verzichten, dafür ist der Gastraum

urgemütlich und authentisch, mit alten Fliesen und Balkendecke. Auch in der Küche hält Familie Martin die Tradition hoch. Die Klassiker, z. B. Stockfischpüree *(brandade),* geschmortes Rindfleisch nach Camargue-Art *(gardiane de taureau)* oder Eintopf von der Lotte *(bourride),* enttäuschen nicht.
1, rue Poise, T 04 66 67 50 47, Di–Fr, So 12–14, Di–Sa 19–22 Uhr, Mittagsmenü Di–Fr 16,50 €, 3-Gang-Menü 22 €, 4-Gang-Menü 29 €

Ein Tête-à-Tête mit den Arénes
La Table du 2 2
Abgehoben ist die Lage auf dem Dach des neuen Musée de la Romanité. Abgehoben ist auch die Idee von Sternekoch Franck Putalet, jedes Jahr einen ausländischen Küchenchef einzuladen, die Karte mit seinen Kreationen zu bereichern. Die Preise bleiben dabei fast bodenständig.
16, bd. des Arènes, im Musée de la Romanité (eigener Zugang), T 04 48 27 22 22, http://latabledu2.com, tgl. 12–15, 19–23 Uhr, Mittagsmenü Mo–Sa 19,90 €, 3-Gang-Menü 32 €

In der Markthalle
Halles Auberge 3
Mittags können Sie zum Essen auch in die von Designer Jean-Michel Wilmotte mit Aluminium ummantelten Halles einkehren. In ihrem Bauch gibt es am Tresen von Arlette zur frisch zubereiteten Hausmannskost immer eine Portion Lokalkolorit.

> ### PROVENZALISCHE MUSTER
>
> Die Compagnie des Indes brachte im 17. Jh. aus den Kolonien die ersten farbig bedruckten Stoffe nach Frankreich. In der Folge entwickelten sich vor allem in Marseille, Aix und Nîmes berühmte Stoffmanufakturen. Bei **Les Indiennes de Nîmes** 1 finden Sie eine gute Auswahl an Hemden, Blusen und Röcken, Tischwäsche und Accessoires in den traditionellen Farben und Mustern (2, bd. des Arènes, www.indiennesdenimes.fr, Mo–Sa 10–12.30, 14.30–19 Uhr).

›Nur‹ eine Wasser-
rinne – **Pont du Gard**

Als dem antiken Nîmes um das Jahr 40 n. Chr. das Wasser ausging, bauten die Römer kurz entschlossen einen 50 km langen Aquädukt zur Quelle der Eure bei Uzès. Sein zentrales Bauwerk, die Brücke über den Gardon, versetzt die Welt bis heute in Staunen.

V
VIADUKT

Ab dem 4. Jh. konnte der Unterhalt des Acqueduc de Nîmes nicht mehr finanziert werden, Kalk lagerte sich in dicken Schichten ab, bis schließlich kein Wasser mehr floss. Die Steine des antiken Kanals wurden über die Jahrhunderte geplündert, allein der Pont du Gard blieb als Verbindung über den Gardon erhalten. Der Aquädukt wurde zum Viadukt. Im 18. Jh. baute man sogar auf Höhe der unteren Arkadenreihe eine Straße. Bis 1996 verkehrten unmittelbar neben dem antiken Monument Autos, Busse, Lastwagen. Heute flanieren hier jedes Jahr ›nur‹ noch an die 1,5 Mio. Besucher.

Sie wollen den Pont du Gard vom Wasser aus ansehen? Kein Problem! Kayak Vert in Collias verleiht Boote und Ausrüstung.

Spektakulärstes Teilstück des **Acqueduc de Nîmes** ist der **Pont-du-Gard,** der seit 1985 ins Welterbe der UNESCO eingeschrieben ist. Gleich zwei Herausforderungen mussten die römischen Baumeister und Ingenieure beim Bau der Wasserleitung meistern: Zum einen betrug der Höhenunterschied zwischen der Quelle und Nîmes nur 12 m, zum anderen war auf etwa halber Wegstrecke die Schlucht des Gardon zu queren.

Hält seit 2000 Jahren ganz ohne Mörtel

Aus bis zu 8 t schweren Steinblöcken und ganz ohne Mörtel stellten die Baumeister drei Arkadenreihen über dem Gardon aufeinander. Als Basis dienen sechs 22 m hohe und bis zu 24,5 m breite Bögen. Darauf fußen elf 20 m hohe Bögen. Den Abschluss bilden 47 nur 7 m hohe Bögen, über die die Wasserrinne verläuft. Täglich flossen mehr als 35 000 m³ Wasser durch sie hindurch. 24 bis 30 Stunden brauchte das frische Nass von der Quelle der Eure bis nach Nîmes.

Wer sich detailliert über die Konstruktion des Aquädukts informieren will oder neugierig ist, was ein Chorobates ist, und wie die Römer damit die Trasse berechneten, sollte das Museum im **Espace de Découverte** 1 am linken Ufer *(rive gauche)* besuchen. Ganz ohne Worte, aber mit faszinierenden Bildern und Animationen erzählt dort auch ein Film im Breitbildformat die Geschichte des Wasserkanals. Kinder tauchen im Bereich **Ludo** spielerisch in die Welt der Römer ein.

Eine steinerne Boa in der Garrigue

Obligatorisch ist natürlich die Überquerung des **Pont** 2, lohnend auch der Blick von den **Aussichtspunkten** 3 hoch über beiden Ufern. Auf der linken Flussseite können Sie den Aufstieg mit einem eineinhalbstündigen Spaziergang durch die **Mémoires de Garrigue** 4 kombinieren. Zwischen typischer Mittelmeervegetation, traditionell kultivierten Flächen und Trockensteinmauern schlängelt sich durch diesen Landschaftsgarten ein weiteres beeindruckendes Überbleibsel des Acqueduc de Nîmes, der sogenannte **Pont roupt** 5 (zerbrochene Brücke). Ganz zum Schluss lädt die **Plage** 1 am rechten Flussufer zum Entspannen oder einem erfrischenden Bad im Gardon ein.

▶ **INFOS**

Im Rahmen der einstündigen **Grande Odyssée du Pont** können Sie sogar die eigentliche Wasserrinne auf der obersten Ebene des Aquädukts besuchen (Reservierung im Internet, 6 €). In 48 m Höhe über dem Fluss ist die Aussicht garantiert gigantisch. Zu einem besonderen Augenschmaus laden an Sommerabenden auch **Les Nocturnes du Pont** (Juli, Aug. 22.30 Uhr, Dauer 30 Min.,5 €, bis 18 J. frei) mit einer Illumination des antiken Bauwerks ein.

INFOS/ÖFFNUNGSZEITEN
Internet: www.pontdugard.fr
Pont du Gard 2: tgl. Jan.–März 9–20, April, Mai, Okt.–Dez. 9–21, Juni, Sept. 10–22, Juli, Aug. 9–24 Uhr; **Espace de Découverte** 1: April, Mai 9–19, Juni 10–17/18, Juli, Aug. 9–20, Sept.–März 9–17/18 Uhr, Mo erst ab 12 Uhr
Eintritt: 9,50 €, im Internet 8 €, bis 18 J. frei, inkl. Parken
Bus: mehrmals tgl. LIO-Bus 121 ab Nîmes/Gare routière und LIO-Bus 115 ab Uzès, Info: https://lio.laregion.fr
Kayak Vert Pont du Gard: 8, chemin St-Vincent, Collias (5 km westl. des Pont du Gard), T 04 66 22 80 76, www.kayakvert.com, März–Okt., ca. 28 €/Tag

KULINARISCHES FÜR ZWISCHENDRIN
Im Café-Restaurant **Les Terrasses** 1 am rechten Ufer sitzen Sie mit schönem Blick auf den Pont du Gard (T 04 66 63 91 37, Menü ab 29 €, *formule* ab 19 €).

Faltplan: Q/R 7/8

5, rue des Halles, T 04 66 21 96 70, Di–So 10.30–14/14.30 Uhr, Menü um 16 €; Marktstände tgl. 7–13/13.30 Uhr, www.leshallesdenimes.com

Spezereien
Huilerie ❷
In der Kaverne des Alibaba verbreiten Gewürze und Kräuter den Geruch aus Tausendundeiner Nacht. Dazu eine große Auswahl regionaler Delikatessen – Mitbringsel, die daheim den Geschmack des Midi auf den Tisch zaubern.
10, rue des Marchands, https://lhuilerie.com, Mo 14.30–19, Di–Sa 9–12.30, 14.30–19 Uhr

Von Bar zu Bar
An den Boulevards rund um das *écusson* laden Bars und Kneipen zu Kaffee oder Apéro, einer einfachen Mahlzeit oder einem geselligen Abend ein. Eines der ältesten Cafés des Landes und Institution der Stadt ist **La Grande Bourse** ❶ (2, bd. des Arènes). Den Absacker serviert der irische Pub **O Flaherty's** ❷ (21, bd. Amiral-Courbet) auch noch nach Mitternacht und unterhält regelmäßig mit Livemusik.

INFOS UND TERMINE

OT: 6, bd. des Arènes, 30000 Nîmes, T 04 66 58 38 00, www.nimes-tourisme.com.
City Pass: Touristenticket für Nîmes.
Pass Romanité: Sammelticket für Arènes, Maison Carrée, Tour Magne, Musée de la Romanité 17 €, 7–17 J. 11 €.
Bahn: Gare Nîmes Centre, bd. Sergent-Triaire. Lokal-, Regional- und Fernzüge sowie Verbindungen zum neuen TGV-Bahnhof Nîmes Pont du Gard.
Bus: Gare routière, pl. de l'Onu (beim Bahnhof), Info: https://lio.laregion.fr.
Parken/Stadtbus: Mehrere Parkhäuser an den Boulevards rund um die Altstadt. Günstiger parken Sie auf einer der drei P+R-Stationen am Stadtrand und fahren mit Tango-Bussen kostenlos weiter (2 Wageninsassen 2,50 €, bis zu 8 Insassen 4,10 €). Info: www.tangobus.fr.
Feria: Während der fünftägigen Feria de Pentecôte (Pfingsten) und der Feria des Vendanges (Mitte Sept.) vibriert Nîmes

im Flamenco-Rhythmus. Wegen der Stierkämpfe kommen die wenigsten Besucher.
Les Jeudis de Nîmes: Juli, Aug. Do 18–22 Uhr. Marktstände mit Spezialitäten, Kunsthandwerk und Trödel in der Altstadt. Dazu Straßenmusik.

Uzès 🗺 Q 7

Der alte Bischofs- und Herzogssitz nördlich von Nîmes ist eines der reizvollsten Provinzstädtchen (7900 Ew.) im Süden Frankreichs. Am besten kommen Sie samstags, wenn in den verwinkelten Gassen der Altstadt mit ihren schmucken Bürgerhäusern und auf der weitläufigen Place aux Herbes der Wochenmarkt den Midi in seiner ganzen Üppigkeit zeigt.

So lebt Frankreichs Hochadel
Wahrzeichen von Uzès ist die feingliedrig gestaltete, 42 m hohe **Tour Fénestrelle** (rue de l'Evêché), im 12. Jh. als freistehender Glockenturm der **Cathédrale St-Théodorit** erbaut. Die Kathedrale selbst wurde in den Religionskriegen zerstört, der heutige Bau stammt aus dem 17. Jh. Die Vorherrschaft im Stadtbild aber beanspruchen die Türme des wuchtigen **Duché**, der Stammsitz von Frankreichs ehemals ranghöchstem Adelsgeschlecht. Wer sehen will, wie es sich so lebt bei denen von Crussol d'Uzès, muss recht tief in die Tasche greifen. Auch den schönen Ausblick von der Tour Bermonde lassen sie sich gut bezahlen. Schließlich verschlingt der Unterhalt eines so alten Gemäuers viel Geld. Preiswerter gibt es den Blick über die Stadt von der Tour du Roi im nahe gelegenen zauberhaften **Jardin Médiéval** (Impasse Port Royal, 6 €).
Pl. du Duché, www.uzes.com, tgl. 10–12.30, 14–18.30 Uhr, 20 €, 7–11 J. 7 €, 12–16 J. 14 €, Turmbesteigung allein für jedes Alter 13 €

Pour les grands et les petits
Im **Musée du Bonbon** am Ortsrand dreht sich alles um die bunten Naschereien des Haribo-Imperiums, das seit Anfang

Die von Arkaden gesäumte Place aux Herbes diente Uzès schon immer als große Bühne. Hier wurde die Geburt von Prinzen gefeiert, ließ der Henker im Mittelalter Köpfe rollen, unterzeichnete Henri IV. das Edikt von Nantes. Welche Geschichten mögen sich hinter den Fassaden der schmucken Bürgerhäuser zugetragen haben?

der 1970er-Jahre eine Niederlassung in Uzès unterhält. Ein Museumsbesuch trifft den Geschmack von Groß und Klein. Probieren Sie mal! Finden Sie nicht auch, dass die Gummibärchen hier anders schmecken als in Deutschland?

Pont des Charrettes, www.museeharibo.fr, Juli, Aug. tgl. 10–19, Sept.–Juni Di–So 10–19 Uhr, 8 €, 5–15 J. 6 €

🏠 Klein und charmant
Hostellerie Provençale

Neun gemütlich eingerichtete Zimmer im Zentrum von Uzès. Das Frühstück wird bei entsprechendem Wetter auf der Terrasse mit Blick auf die Stadt serviert. An eine gepflegte Tafel bittet das hauseigene Restaurant La Parenthèse.

1–3, rue de la Grande Bourgade, T 04 66 22 11 06, www.hostellerieprovencale.com, DZ 95–145 € inkl. Frühstück bei Buchung über die hauseigene Website, Menü mittags 22 €, abends 34 €

🍽 Einfach (und) köstlich!
Terroirs

Das kleine Multitalent am schönsten Platz der Stadt ist zugleich Delikatessla-den und Terrassen-Restaurant. An kühleren Tagen liegen vorsorglich Decken für die Kunden bereit. Tom und Corinne verstehen sich als Botschafter der lokalen Produzenten. Natürlich kommt hier nur Selbstgekochtes auf den Tisch.

5, pl. aux Herbes, T 04 66 03 41 90, www.uzes-terroirs.fr, tgl. 9.30–18 Uhr, Tapas 4,20–8 €, Tellergerichte 11–15 €

ℹ Infos und Termine

OT: Chapelle des Capucins, pl. Albert 1er, 30700 Uzès, T 04 66 22 68 88, https://uzes-pontdugard.com.

IN DER UMGEBUNG

Flotte Scheibe

St-Quentin-de-Poterie (📖 Q 7, ca. 5 km nördl. von Uzès) macht mit gut zwei Dutzend Töpfer-Ateliers seinem Namen alle Ehre. Bereits im 14. Jh. drehten sich im Ort die Töpferscheiben. Das **Musée de la Poterie Méditerranéenne** (14, rue de la Fontaine, www.musee-poterie-mediterranee.com,

Mai tgl. 14–18, Juni–Aug. tgl. 10–13, 15–19, Sept., Okt., Feb.–April Mi–So 14–18 Uhr, 4 €), das in einer alten Ölmühle untergebracht ist, dokumentiert die Entwicklung von der Gebrauchskeramik bis zum Kunstobjekt.

Villeneuve-lez-Avignon ⌖ S 7

Die kleine Schwester von Avignon am rechten Rhône-Ufer sollten Sie keineswegs nur als Brückenkopf zur berühmten Papststadt betrachten. Denn das herausgeputzte Städtchen (12 100 Ew.) besitzt mit einer stolzen Burg und der imposanten Kartause durchaus eigene bedeutende Kulturdenkmäler.

Die Päpste wussten zu leben
Seine Blüte erlebte Villeneuve zur Zeit der Päpste in Avignon (1316–1430). Die geistlichen Würdenträger fühlten sich von der 1293 gegründeten ›neuen Stadt‹ am gegenüberliegenden Ufer der Rhône magisch angezogen und ließen sich dort fürstliche Sommerresidenzen errichten. So auch Kardinal Etienne Aubert, der als Papst Innozenz VI. sein Anwesen 1352 den Kartäusern stiftete. Die **Chartreuse du Val de Bénédiction** entwickelte sich zum bedeutendsten und größten Kartäuserkloster in ganz Frankreich. Seit 1991 beherbergt sie das Nationale Zentrum für Theaterliteratur. Von Ende Mai bis Anfang September lädt in den gepflegten Klostergärten ein Restaurant zur Pause ein.

58, rue de la République, www.chartreuse.org, tgl. April–Sept. 9.30–18.30, Okt.–März 10–17 Uhr, 8 €, bis 18 J. frei

Grenzfeste
Ein steiles Sträßchen führt auf den Mont Andaon zum **Fort St-André** (14. Jh.), dessen mächtige Mauern ein kleines Dorf samt Kloster umschließen. Die wehrhafte Festung sollte die Macht der französischen Krone an der Grenze zum Heiligen Römischen Reich demonstrieren. Von den monumentalen halbrunden Tortürmen bietet sich ein unvergleichlicher Blick auf Avignon. Innerhalb der Schutzmauern bezaubert der im italienischen Stil angelegte **Garten** der **Abbaye St-André.**

Rue Montée du Fort; Fort, www.fort-saint-andre.fr, Juni, Juli tgl. 10–18, Okt.–Mai tgl. 10–13, 14–17 Uhr, 6 €, bis 18 J. frei; Jardin de l'Abbaye, www.abbayesaintandre.fr, Di–So Mai–Sept. 10–18, März, April, Okt. 10–13, 14–17/18 Uhr, 7 €, 8–17 J. 5 €

🏠 **Schlichte Eleganz**
L'Atelier
21 Zimmer in einem Stadtpalais aus dem 16. Jh., denen einige alte Möbelstücke Individualität verleihen. Besonders begehrt sind die Zimmer, die auf den bezaubernden Hof blicken. Auf der Sonnenterrasse stehen Liegestühle für die Gäste bereit.

5, rue de la Foire, T 04 90 25 01 84, www.hoteldelatelier.com, Frühbucher DZ ab 76 €

ℹ **Infos und Termine**
OT: 1, pl. Charles David, 30400 Villeneuve-lez-Avignon, T 04 90 03 70 60, https://avignon-tourisme.com.

TERRASSE ÜBER DEM FLUSS

Das Wort *guinguette* lässt Urlaubsstimmung aufkommen. Typischerweise liegt ein solches Ausflugslokal am Wasser. Das Essen ist einfach, aber schmackhaft, die Atmosphäre ganz relaxed und abends illuminieren bunte Lichterketten die Terrasse. In der **Guinguette du Vieux Moulin** am Ufer der Rhône nahe der Tour Philippe-le-Bel ist es nicht anders. Die schön restaurierte Mühle bleibt aber auch über den Sommer hinaus geöffnet, es sei denn, die Rhône hat gerade Hochwasser (5, rue du Vieux-Moulin, T 04 90 94 50 72, www.guinguettevieuxmoulin.com, tgl. mittags und abends geöffnet, Charcuterie 15 €, Tapas-Teller 22 €, Pizza ab 11 €, Menü ab 29 €).

Stadtverkehr: Mehrmals stdl. Busse nach Avignon, 15 Min. Fahrtzeit.
Villeneuve en Scène: Im Juli hat Villeneuve sein eigenes ambitioniertes Theaterfestival (www.festivalvilleneuve enscene.com).

Aigues-Mortes

📖 P 10/11

Mit der Errichtung von Aigues-Mortes im Sumpfgebiet der Rhône-Mündung erhielt das Frankenreich Mitte des 13. Jh. den begehrten Zugang zum Mittelmeer. Ritter und Glücksritter aus dem ganzen Land sammelten sich hier, um mit Ludwig IX. auf Kreuzzug zu gehen. Heute zieht die mittelalterliche Festungsstadt Touristen aus aller Welt in ihren Bann.

Auf und innerhalb der Mauern

Anfang des 14. Jh. wurde von Ecke zu Ecke der wichtigen Hafen- und Handelsstadt eine mächtige Mauer gezogen. Aber schon bald machte die Stadt der ›Toten Wasser‹ ihrem Namen alle Ehre: Die Zufahrt zum Meer versandete, Aigues-Mortes saß auf dem Trockenen. Bedeutungslos geworden, konnte die mittelalterliche Festung die Jahrhunderte unversehrt überdauern.
Die 32 m hohe **Tour de Constance,** ältester Teil der **Remparts,** wurde bereits unter Ludwig IX. erbaut. Während der Religionskriege im 17. und 18. Jh. diente der Turm als Staatsgefängnis. An ihm startet der Tour über die Stadtmauer mit ihren 15 Türmen und zehn Toren. Vom Wachgang kann der Blick weit übers Land schweifen oder fällt hinab auf die schachbrettartig verlaufenden Straßen der Stadt.
Dort drängeln sich die Besucher vor den Souvenirläden in der Hauptstraße, während in den Seitengassen fast dörfliche Ruhe herrscht. Ziel aller ist die **Place St-Louis** vor der Kirche. Rund um die Statue des hl. Ludiwgs brummt es vor und in den Cafés.

190 Stufen sind in der Tour de Constance zu erklimmen, oben entschädigt ein tolles Panorama für die Mühen.

Remparts: www.aigues-mortes-monument.fr/, tgl. Mai–Aug. 10–19, Sept.–April 10–13, 14–17.30 Uhr, 8 €, bis 18 J. frei

Ganz schön gesalzen …

… sind nicht nur die weißen Salzhügel (*camelles*), die aus der Ferne wie Schneekuppen anmuten, sondern auch die Preise der diversen Besichtigungsangebote der **Salin d'Aigues-Mortes** (rte. du Grau-du-Roi, RD 979, T 04 66 73 40 24, www. visitesalinaiguesmortes.fr). Eine Fahrt im Touristenbähnchen kostet 10,80 €, eine Entdeckungstour mit dem eigenen Rad 20 €. Auch einen Tag am einsamen Salinenstrand können Sie buchen (ab 30 €). Kostenlos hingegen macht die **Maison du Grand Site de France de la Camargue Gardoise** (rte. du Môle, www.camarguegardoise.com, Feb.–Sept. 10.30–12, 13.30–17/18/19 Uhr) mit dem vom Salzwasser geprägten Naturraum vertraut. Wer sich hier auf den ›Holzweg‹ begibt, kann wunderbar die Natur am Etang de Marette beobachten. Das Informationszentrum liegt

Zwischen Meer und Land – **Camargue Gardoise**

Die Camargue – ein leichtes Terrain für Radfahrer? Zwar müssen Sie hier keine hohen Berge überwinden, dafür weht Ihnen der Wind aber fast immer kräftig ins Gesicht. Dennoch ist das Rad auf den schmalen, von Kanälen gesäumten Straßen eine gute Alternative zum Auto.

2

Bei Arles verzweigt sich die Rhône und umschlingt mit zwei Armen ein weites Mündungsdelta – die Camargue. Nach Westen setzt sich die von Feuchtgebieten, Sümpfen und Brackwasserseen geformte Landschaft in der **Camargue Gardoise,** auch Petite Camargue genannt, fort. Wenn Sie nun Viehhirten auf weißen Pferden und schwarze Rinder erwarten, werden Sie enttäuscht. Auf dieser Tour zeigt sich die Camargue weniger plakativ.

Von Kanal zu Kanal

Von **Vauvert** ❶ führt eine *voie verte* parallel zum **Canal Philippe Lamour,** in den 1950er-Jahren zur Bewässerung gebaut, durch Obstplantagen und Weinfelder nach **Gallician** an den **Canal du Rhône-à-Sète** ❶. Vom steilen Brückchen am Kanalhafen kann der Blick weit über die glitzernden Wasserflächen der **Etangs du Charnier, de Crey** und **de la Scamandre** schweifen, die von einem dichten Schilfgürtel umschlungen werden. Es gibt noch vier oder fünf Betriebe in der Camargue, die das Schilf in den Wintermonaten schneiden und zu Matten (*paillassons*) verarbeiten, die als natürlicher Wind- und Sonnenschutz Einsatz finden.

Weiter geht die Fahrt über eine schmale Dammstraße parallel zum **Canal de Capettes** ❷ zwischen den Etangs hindurch, dem Lebensraum unzähliger Vogelarten. Die meiste Zeit des Jahres verbirgt Schilf die Brut- und Nistplätze vor neugierigen Blicken. Nur auf dem Kanal können Sie einige Wasservögel beobachten. Im Wasser tummeln sich auch gern Biberratten (*ragondins*).

*Im **Centre du Scamandre** ❸ müssen Sie von Ihrem Drahtesel steigen und zu Fuß auf die Pirsch gehen: Drei Pfade – Sentier de la mare (500 m), Sentier du Butor (1,5 km) und Sentier de la Fromagère (4 km) – führen zu den Brutplätzen von Rohrdommel, Reiher und Ibis und zeigen die große biologische Vielfalt des Naturreservates.*

Wer mehr über die Fauna und Flora der Camargue, über ihre Bewohner und deren Traditionen sowie über die landwirtschaftlichen Aktivitäten erfahren möchte, sollte unbedingt im **Centre du Scamandre 3** anhalten.

Reis wächst nicht nur in Asien

Im Marschland rund um Scamandre widmen sich noch einige Manaden der Pferde- und Rinderzucht. Allerdings verschlingt der Reisanbau zunehmend Fläche, wovon ausgedehnte Felder entlang der D 179 Richtung St-Gilles zeugen.

Vorbei an der **Ecluse de St-Gilles 4**, die eine Verbindung zwischen dem Canal du Rhône-à-Sète und der Petit Rhône herstellt, wird **St-Gilles** erreicht, an dessen **Kanalhafen ❶** Cafés auf eine Rast Lust machen. Das Städtchen war im 11./12. Jh. eine bedeutende Pilgerstation am Jakobsweg. Die dreiportalige Westfassade der **Abteikirche 5** gilt als einmaliges Beispiel romanischer Bildhauerkunst in Südfrankreich.

Von St-Gilles folgen Sie der Jakobsmuschel (GR 653, rot-weiße Markierung) zurück nach Vauvert. Der Pilgerweg kreuzt die viel befahrene D 6572 und trifft auf den Canal Philippe Lamour, den er auf 3 km säumt. Auf den letzten 6 km müssen Sie ein wenig in die Pedale treten, denn sie führen durch die Hügel der **Costière de Nîmes** leicht bergan.

Um die Böden zu entsalzen und für die Landwirtschaft nutzbar zu machen, wird seit fast 200 Jahren in der Camargue Reis angebaut. Das erforderliche Süßwasser wird im Frühjahr aus der Rhône oder der Petit Rhône auf die Felder gepumpt. Eigenwillige Wege beschreitet Reisbauer Bernard Poujol auf dem **Mas Neuf de la Motte** 🛍. Seine Felder werden von Enten sauber gehalten – alles ganz ohne Chemie. Im Hofladen können Sie zum Bio-Reis auch gleich die konfierte Bio-Ente kaufen (rte. de Sylveréal, D 202, T 06 33 44 68 90, www.canard-desrizieres.fr).

INFOS/ÖFFNUNGSZEITEN
Strecke: knapp 50 km, 1/2–1 Tag
Centre du Scamandre 3: Vauvert, D 179/D 779, T 04 66 73 52 05, www.camarguegardoise.com, Di–Sa 9–18 Uhr
Radverleih ❶: Le Barjonaute, 282, rue Carnot, Vauvert, http://lebarjonaute.com

RAD UND PADDEL
Ab der **Guinguette du Petit Rhône ❷** (D 202, T 04 66 73 57 17, www.kayak vert-camargue.fr, März–Okt.) können Sie eine kombinierte Rad- und Paddeltour unternehmen und den Rest des Tages in dem unkonventionellen Gartenlokal am Wasser wunderbar vertrödeln.

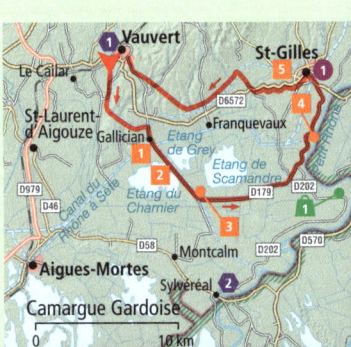

Camargue Gardoise

gegenüber den Salinen am linken Ufer des Stichkanals (frz. *grau*), der Aigues-Mortes mit dem Meer verbindet.

🏠 Aktiv ausspannen
Chambres d'hôtes Farniente

Gudrun Bauer hat in der Camargue ihre zweite Heimat gefunden. In ihrem Häuschen in der ruhigen ›Straße der Arbeiter‹ in unmittelbarer Nähe des nördlichen Stadttors vermietet sie drei Gästezimmer, organisiert auch Themenaufenthalte und gibt Französischkurse. Mit Begeisterung erzählt Gudrun ihren Gästen von Land und Leuten. Für den geselligen Plausch ist die Terrasse im Innenhof perfekt.

10, rue des travailleurs, T 06 87 43 92 50, www.farniente-chambres-dhotes-camargue. com, DZ 70–76 € inkl. Frühstück

🏠 Auf der Manade
Mas de la Paix

Sie wollen die Camargue intensiv erleben? Dann übernachten Sie am besten bei einem Stierzüchter. Fünf gepflegte Gästezimmer auf einem alten Hof *(mas)* mitten im Marschland, auf dem Pferde und Stiere weiden. Morgens stärkt ein reichhaltiges Frühstück. Die Landruhe kann gestört werden, wenn die *manade* (Stier- und/oder Pferdezuchtbetrieb) Gesellschaften bewirtet, sowie bei den Camargue-Abenden jeden Mittwoch im Juli und August.

Manade de St-Louis – Mas de la Paix, Montcalm, D 58, T 06 25 73 84 85, www.camargue. fr/site/manade-saint-louis/, DZ 70 € inkl. Frühstück, Gemeinschaftsküche vorhanden

🍷 Bistro im modernen Look
L'Atelier de Nicolas

Wohlbefinden stellt sich in diesem kleinen Restaurant mit üppig grüner Pflanzendeko und witzigen Designartikeln ganz automatisch ein. Allein der Anblick der kunstvoll angerichteten Speisen ist ein Genuss. Und erst ihr Geschmack! Nicolas arbeitet ausschließlich mit regionalen und saisonalen Produkten, vorzugsweise aus Bio-Anbau, denen er gekonnt einen modernen, internationalen Touch verleiht. Nur Außenplätze

gibt es hier mitten in der Altstadt leider nicht.

28, rue Alsace Lorraine, T 04 34 28 04 84, https://restaurant-latelierdenicolas.fr, Mo, Di, Fr, Sa 12–14, 19–21, So 12–14 Uhr, Menü 34 € u. 38 €

🍷 Direkt vom Produzenten
Ni vu ni connu

›Unbemerkt‹, wie der Name besagt, blieb das trendige Bootsrestaurant am Kai unterhalb der Tour de Constance nicht lange bei Austern- und Muschelfans. Die Schalentiere fängt der Patron Mickaël Perez persönlich an den Stränden der Camargue. Unbedingt die Linguine mit Venusmuscheln *(palourdes)* probieren! Ein Fleischgericht, Salate und

So wie bei uns das Adrenalin beim Fußball steigt, fiebert das Rhône-Delta bei der *course camarguaise* mit. Fast jedes Dorf besitzt eine Arena, wo zwischen April und September Mensch und Tier in sportlichen Wettstreit miteinander treten. Unumstrittener Star ist dabei der *biou*, also Stier oder Kuh. Sechs Tiere von meist unterschiedlichen Manaden werden bei einer Veranstaltung präsentiert. Jedes trägt selbstverständlich einen Namen; seine Finten und Schwächen kennt das fachkundige Publikum genau. Aber kein spannendes Spiel ohne furchtlose, flinke *razeteurs*, weiß gekleidet und zwölf an der Zahl. Sie versuchen, im Lauf dem *biou* die Trophäen – *cocarde, glands* und *ficelles* – von den Hörnern zu reißen und sich dann mit einem gekonnten Sprung über die Absperrung in Sicherheit zu bringen. Ein Fanfarensignal eröffnet jede Partie und beendet sie nach 15 Minuten. Der *biou* trottet vom Platz – unversehrt. Für die *razeteurs* trifft dies nicht immer zu.

Mit einem enormen Sprung suchen die ›razeteurs‹ bei der ›course camarguaise‹ den spitzen Hörnern des ›biou‹ zu entkommen. Nicht immer mit Erfolg! Wegen eines zerfetzten Hosenbodens denkt hier aber niemand daran, aufzugeben.

hausgemachte Desserts werden ebenfalls angeboten. Dazu klingen in den Ohren Jazz und französische Chansons. Rue du Port, T 07 71 94 30 29, bei Facebook, Mi–So ab 12 Uhr, HG um 20 €

🛍 Sandgewächse
Domaine de Montcalm
Fast am Meeressaum gedeihen im Sandboden die *vins de sables.* Es waren die einzigen Rebstöcke, die von der verheerenden Reblausplage Mitte des 19. Jh. verschont blieben. Denn im Sand konnte sich der Schädling nicht vermehren. Zu *dégustation* und Kauf der frischen, leichten Weine – vor allem Rosés und Weiße, aber auch Rote – bittet das Weingut im Weiler Montcalm. Domaine de Montcalm, D 58, T 04 66 73 51 52, www.domainedemontcalm.com, tgl. durchgehend geöffnet

🔄 Die Camargue erkunden
Ab dem Kanalhafen in **Aigues Mortes** starten mehrere **Ausflugsboote** zu zwei- oder zweieinhalbstündigen Fahrten durch die Camargue. Der Halt auf einer Manade gehört zum Programm.

Wer es individueller und naturnah mag, wendet sich an die **Maison du Guide** in **Montcalm** (D 58, T 06 12 44 73 52, www.maisonduguide.camargue. fr, Reservierung erforderlich). Von dort begleitet der Ornithologe Jean-Marie Espuche kleinere Gruppen – zu Fuß oder per Fahrrad – in die Naturschutzzone bei der Domaine Départemental de Mahistre. Wenn Sie davon träumen, auf dem Rücken eines Camargue-Pferd das Delta zu durchstreifen, wenden Sie sich am besten an die **Manade de Listel** (Domaine de Jarras – Mas du Daladel, D 58, T 06 11 75 64 58). Hier werden die Pferde allabendlich nach der Arbeit in die Freiheit entlassen.

❶ Infos und Termine
OT: Pl. St-Louis, 30220 Aigues-Mortes, T 04 66 53 73 00, www.ot-aigues mortes.com.
Parken: Kostenpflichtige Plätze P1–P7 und P9 vor den Stadttoren; gratis P8 ca. 600 m nordöstl. der Stadtmauern.
Fête de la St-Louis: Ende Aug., Fest zu Ehren des Stadtgründers mit Mittelaltermarkt und Kostümumzügen.

Im zarten Abendlicht entfaltet der Kanalhafen von Le Grau-du-Roi seinen ganzen Charme. Kein Wunder, dass das Département gerne mit dieser Postkartenansicht wirbt.

IN DER UMGEBUNG

Im Reich des Biou

Auf der D 46 Richtung Norden gebietet die **Tour Carbonnière** (🗺 P 10), im 13 Jh. als Vorposten von Aigues-Mortes erbaut, einen Halt. Ein Naturlehrpfad auf Stelzen erlaubt es, in das sumpfige Gelände am Fuß des Turms vorzustoßen. Von seinem Dach schweift der Blick weit über die Wasserwelten, die die Vistre geschaffen hat. In ihrem Tal liegen die namhaften Manaden – die Gehöfte der Rinder- und Pferdezüchter – der Camargue Gardoise. Das Camargue-Rind können Sie an seinen lyraförmigen Hörnern und dem schlanken Körperbau erkennen. Es wird fast ausschließlich für die *courses camarguaises* gezüchtet. Einer der schönsten Orte für den Besuch eines solchen ›Laufs‹ ist sicherlich **St-Laurent-d'Aigouze** (🗺 P 10). Hier streitet die Arena mit der Kirche, an die sie sich anlehnt, um die Vorherrschaft am Dorfplatz – keine Frage, wer aus diesem Wettstreit als Sieger hervorgeht! Die Bars am Platz jedenfalls machen ihr bestes Geschäft, wenn die Stiere bzw. Kühe ihren Auftritt haben.

Le Grau-du-Roi

🗺 O 11

Der Küstenort (8200 Ew.) scheint vollkommen auf den Tourismus fixiert zu sein. Bars, Restaurants und Souvenirshops am linken Kanalufer (›rive gauche‹) sowie Apartmentanlagen an den Stränden bestimmen das Ortsbild. Wer würde schon vermuten, dass Le Grau-du-Roi zugleich zweitgrößter Fischereihafen am Mittelmeer ist?

Aug in Aug mit dem Hai

Was den Fischern hier so alles ins Netz gehen könnte, zeigt das **Seaquarium** (av. du Palais de la Mer, Port-Camargue, www.seaquarium.fr, tgl. Juli, Aug. 9.30–23.30, April–Juni, Sept. 9.30–19.30, Okt.–März 9.30–18.30 Uhr, 15 €, 5–15 J. 11 €). In den Becken tummeln sich aber auch die Bewohner tropischer Gewässer, darunter 30 Haie. Publikumsliebling sind natürlich die Seehunde.
Das Seaquarium steht im 1969 gebauten Ortsteil **Port-Camargue**, mit fast 5000 Liegeplätzen eine der größten

Marinas Europas. Die schnittigen Rennjachten an den Quais und das Klackern der Fallen im Wind lassen Segelfans ins Träumen geraten.

ⓘ Mitten in der Marina
Le Comptoir des Voiles
Ein idealer Platz für alle, die ein wenig Hafenatmosphäre schnuppern wollen. Eine Schiefertafel dient als Speisekarte. Fisch und Muscheln geben den Ton an, Fleisch und Salate sind aber ebenfalls zu empfehlen. Und erst die Desserts! Kinder lieben die Burger.

3, quai Bougainville, Port-Camargue, T 04 66 51 66 67, bei Facebook, durchgehender Service tgl.12–22.30 Uhr, im Winter eingeschränkte Öffnungszeiten, Tagesmenü ab 16 €

ⓘ Infos und Termine
OT: Rue du Sémaphore, 30240 Le Grau-du-Roi, T 04 66 51 67 70, www.letsgrau.com.
Courses camarguaises: April–Sept. Sa, So regelmäßig, in der Arena.
Fête de la St-Pierre: Ende Juni, Fest der Fischer mit Bootsprozession.

La Grande-Motte

📖 O 10/11

Mit dem Bau von La Grande-Motte begann Mitte der 1960er-Jahre die touristische Erschließung der Küste des Languedoc-Roussillon. Die Franzosen sollten im eigenen Land Urlaub machen, statt an die Strände Spaniens zu fahren. Die auffälligen pyramidenartigen Wohnanlagen mit runden weiblichen und geraden männlichen Formen konzipierte der Architekt Jean Balladur. 2010 wurde das bemerkenswerte Bauensemble als ein Kulturdenkmal des 20. Jh. gewürdigt.

Organisierte Urlaubsfreuden
Freundliche Farben und sehr viel Grün beleben das Betongebirge, in dem heute etwa 10 000 Menschen permanent leben. Sie schätzen ebenso wie die 130 000 Sommergäste jährlich – Tendenz steigend – das üppige Sport- und Freizeitangebot, u. a. den großen Jachthafen, das Thalassotherapiezentrum, den von Robert Trent Jones konzipierten Golfplatz. Der 7 km lange, gepflegte Stadtstrand geht im Westen nahtlos in das Grand Travers über, einen ca. 10 km langen unbebauten Dünenstreifen. Individualisten ziehen es trotz der vielen Vorzüge in der Regel vor, einen weiten Bogen um La Grande Motte – den ›Großen Haufen‹ – zu machen.

ⓘ Lässiger Strandclub
La Paillote Bambou
Auf bequemen Strandbetten in den Tag hineindösen. Immer mal wieder ins Wasser hüpfen. Zwischendurch im Restaurant stärken. Am Abend bei einem Cocktail in den Sonnenuntergang über dem Meer schauen. – So wird der Strandtag zum Genuss.

Rte. des Plages, T 04 67 56 73 80, www.lapaillote bambou.com, tgl. ab 9.30 Uhr, Liegestuhl 16 €/Tag, Strandbett inkl. Detox-Getränk 24 €/Person, Salate 19 €, Tapas ab 9 €, HG ab 27 €

ⓘ Infos
OT: 55, rue du Port, 34280 La Grande Motte, T 04 67 56 42 00, www.lagrandemotte.com.

EIN RIESIGER SANDKASTEN

Der schönste Strand des Languedoc liegt bei Le Grau-du-Roi. Vom kleinen **Phare de l'Espiguette** (📖 O 11), wo FKK-Anhänger einen ausgewiesenen Abschnitt finden, erstreckt sich Richtung Osten eine 9 km lange, nahezu unberührte Dünenlandschaft. Selbst in der Hochsaison finden Sie auf der **Plage de l'Espiguette** nach ein paar Schritten ungestörtes Sonnen- und Badevergnügen (Parking des Baronnets: April–Sept. 6 €/Tag, häufige Staus auf der Zufahrtsstraße).

Montpellier, Coeur d'Hérault, Sète

Mit einer Mischung aus mediterraner Lässigkeit und großer Dynamik weiß Montpellier zu verführen. Die Boomtown am Mittelmeer lockt Neusiedler aus ganz Frankreich an und wächst mit rasanter Geschwindigkeit dem Meer entgegen. Auch in Sète und am Etang de Thau wuchern die Neubaugebiete. Doch im Hinterland gibt es sie noch, verschlafene Winzerdörfer im Meer der Rebstöcke und uralte Weiler in wilder Landschaft wie hier das Klosterdorf St-Guilhem-le-Désert in den Gorges de l'Hérault.

Montpellier 📖 N 10

Ihre Vorrangstellung als Regional-
hauptstadt musste Montpellier
(255 000 Ew.) zwar in der neuen
Occitanie an Toulouse abtreten,
aber dieser Verlust tut der Attraktivität der Stadt keinen Abbruch.
Zuzügler aus ganz Frankreich
beginnen hier ein neues Leben.
Montpellier profitiert nicht nur
von seiner Lage zwischen Meer
und Hinterland und dem mediterranen Klima, auch Wissenschaft
und Wirtschaft florieren. Mit
Theater- und Kino-, Tanz- und Mu-
sikfestivals sowie einem breiten
Spektrum an Ausstellungen konnte
Montpellier sich zudem überregi-
onal einen Namen als Kunst- und
Kulturstadt machen.

ERST EIN WENIG GESCHICHTE?

Als Montpellier zur Stadt heranwuchs,
hatten seine Nachbarn bereits um die
1000 Jahre auf dem Buckel. Als Teil des
Königreichs Mallorca, an das es 1204
durch Heirat mit dem Haus Aragón
gefallen war, genoss es politische und
steuerliche Freiheiten. Früh schon entstanden eine renommierte Medizin- und
eine Rechtsschule. Doch dann suchten
Pest und Hungersnöte die Stadt heim.
1349 erwarb die französische Krone
sie zurück. Jacques Coeur, gewiefter
Kaufmann und Finanzminister Karls VII.,
bescherte ihr neuen Reichtum durch
Leder-und Tuchhandel. Während Kardinal
Richelieu zur Zeit der Religionkriege die
Wirtschaft in der protestantisch gesinnten
Stadt zum Erliegen brachte, fand sie
unter dem Sonnenkönig Ludwig XIV. als
Verwaltungszentrum des Bas Languedoc
neue Aufgaben und Prosperität. In den
1960er-Jahren sorgten die Rückkehrer
aus Algerien, die sogenannten *Pieds-noir,*
für frischen Wind. Ihren dynamischen
Start ins 21. Jh. verdankt Montpellier
aber nicht zuletzt seinem langjährigen
Bürgermeister Georges Frêche, der seine
Visionen gegen manchen Widerstand
verwirklichte (▶ S. 38).

WAS TUN IN MONTPELLIER?

Stadt-Theater
Montpelliers Charme machen insbeson-
dere seine vielen hübschen Plätze aus,
auf denen das Leben mit mediterraner
Leichtigkeit brodelt. Mittelpunkt der
›Open-air-Bühnen‹ ist die **Place de la
Comédie.** Von der Terrasse des **Café
Riche** 🔹 (tgl. 7–1 Uhr), dem ältesten
Café der Stadt, lassen sich bequem
im Sessel zurückgelehnt das Hin und
Her der Passanten, die Darbietungen
der Straßenkünstler sowie die leise
vorbeigleitende Tramway beobachten –
ein immer wiederkehrendes und doch
immer wieder neues Schauspiel!
Vorbei an der **Fontaine des Trois
Grâces** (18. Jh.) und der 1888 nach
Pariser Vorbild erbauten **Opéra** 🔳1
zieht der Strom der Flaneure über die
breite **Rue de la Loge** in die Altstadt,
das *écusson.* Schon bald erreicht er
die **Place Jean-Jaurès,** deren Bistros
und Caféterrassen, so etwa das **Café
Joseph** 🔹 (tgl. 7–1 Uhr), von der
jüngeren Generation bevorzugt werden.
Linker Hand um die Kirche **St-Roch** und
die zum Kunstraum umfunktionierte
Kirche **Ste-Anne** 🔳2 (bis 2021 wegen
Renovierung geschl.) laden Boutiquen
und Ateliers zum Schaufensterbum-
mel, intime Plätze zum Verweilen
ein. Rechter Hand lassen die **Rue de
l'Aiguillerie** und ihre Seitengassen mit
trendigen und alternativen Läden und
Cafés die Nähe der Universität spüren.
Der vielleicht harmonischste Platz der
Stadt, die **Place de la Canourgue,**
entstand, als im 17. Jh. eine neue Kathedrale gebaut werden sollte, Richelieu
das Vorhaben aber stoppte.

Großstadtallüren
In der Mitte des 19. Jh. ließ Bürgermeister Pagézy Straßen begradigen und
erweitern. Das historische Zentrum sollte
an Attraktivität und großstädtischem
Flair gewinnen. So wurde auch die **Rue**

du Foch, die zunächst Rue Imperial (Kaiserstraße) hieß, in der Manier des Pariser Stadtplaners Haussmann in das mittelalterliche Häusergewirr geschlagen und mit repräsentativen Gebäuden gesäumt. An ihrem Ende rühmt seit 1691 der **Arc de Triomphe**  die Taten Ludwigs XIV., in dessen Regierungszeit Montpellier neu erblühte. Durch den Triumphbogen fällt der Blick auf eine **Reiterstatue des Sonnenkönigs**. Sie wurde nach langer Irrfahrt 1718 auf der neu geschaffenen Place Royal – heute **Promenade du Peyrou** – an der höchsten Stelle der Stadt enthüllt. Vom **Château d'Eau**, einem Wasserturm in der eleganten Form eines antiken Tempels am Ende der Promenade, haben Sie einen fantastischen Blick über Stadt und Land bis zur markanten Silhouette des Pic St-Loup. Gleich unterhalb des Wassertempels verläuft der nach Vorbild des Pont du Gard gebaute **Aqueduc St-Clément,** der einst der Stadt das frische Wasser der Lez-Quelle zuführte.

MUSEEN, DIE LOHNEN

Pathologie und Schöne Künste

Die festungsartige gotische **Cathédrale St-Pierre** weist den Weg zum Kloster St-Benoît, das seit Revolutionstagen Sitz

der **Faculté de Médecine** ist. Dort können Sie im Rahmen einer Führung eines der ausgefallensten Museum der Stadt entdecken. Leichtes Gruseln garantiert! Das **Conservatoire d'Anatomie** bewahrt eine historische Lehrsammlung mit über 5000 anatomischen Originalpräparaten und Wachsmodellen. Unbedingt für einen Besuch beim Office de Tourisme anmelden (https://book.montpellier-tourisme.fr unter Visites Guidées)! Wenn Sie nun ein wenig frische Luft brauchen, empfiehlt sich ein Abstecher in den **Jardin des Plantes** (1, bd. Henri IV, Di–So, Juni–Sept. 12–20, Okt.–März 12–18 Uhr). Frankreichs ältester botanischer Garten erlaubt seit 1593 angehenden Ärzten und Apothekern das Studium der Heilpflanzen.
Zur Begegnung mit der zeitgenössischen Kunst lädt **La Panacée** (14, rue de l'Ecole de Pharmacie, http://lapanacee.org, Mi–Sa 12–20, So 10–18 Uhr). In der ehemaligen Königlichen Medizinschule leben und arbeiten bis zu 60 Kunststipendiaten. Ausstellungen locken Besucher an, ebenso wie das Café (Mi–Sa 10–1, So 10–18 Uhr) im Erdgeschoss.
Die Werke der europäischen Malerschulen des 17. und 18. Jh. können Sie im **Musée Fabre** (39, bd. Bonne Nouvelle, http://museefabre.montpellier3m.fr, Di–So 10–18 Uhr, 7 €, red. 5 €) bewundern.

An der Comédie schlägt das Herz der Stadt. Jeder Montpelliérain scheint den Platz mindestens einmal am Tag zu queren. Er entstand im 18. Jh. auf dem mittelalterlichen Stadtwall und entwickelte sich schnell zum neuen urbanen Mittelpunkt.

Sehenswert

1 Opéra
2 Carré Ste-Anne
3 Arc de Triomphe
4 Reiterstatue des Sonnenkönigs
5 Château d'Eau
6 Cathédrale St-Pierre
7 Faculté de Médecine (Conservatoire d'Anatomie)
8 Jardin des Plantes
9 La Panacée
10 Musée Fabre
11 Musee Art Brut

In fremden Betten

1 Hôtel du Palais
2 Hôtel des Arceaux

Satt & glücklich

1 Les Bains
2 Anga
3 La Bistrote

Stöbern & entdecken

1 Odysseum

Wenn die Nacht beginnt

1 Café Riche
2 Café Joseph
3 Le Comptoir de l'Arc
4 Rebuffy Pub
5 Le Rockstore

Vor allem aber brilliert das Museum mit exzellenten Sonderausstellungen. Der leichten und heiteren Seite der Kunst widmet sich das **Musee Art Brut** 11 (1, rue Beau Séjour, Tram Beaux-Arts, www.musee-artbrut-montpellier.com, Mi–So 10–13, 14–18 Uhr, 8 €, red. 6 €) im ehemaligen Atelier und Wohnhaus des Zink-Künstlers Fernand Michel.

SCHLAFEN, SCHLEMMEN, SHOPPEN

Charmantes Altstadthaus
Hôtel du Palais 1

Das 200 Jahre alte Gebäude steht in einer der schönsten Ecken des *écusson*, gleich um die Ecke der Place de la Canourgue. Die Fassade aus hellem Sandstein und

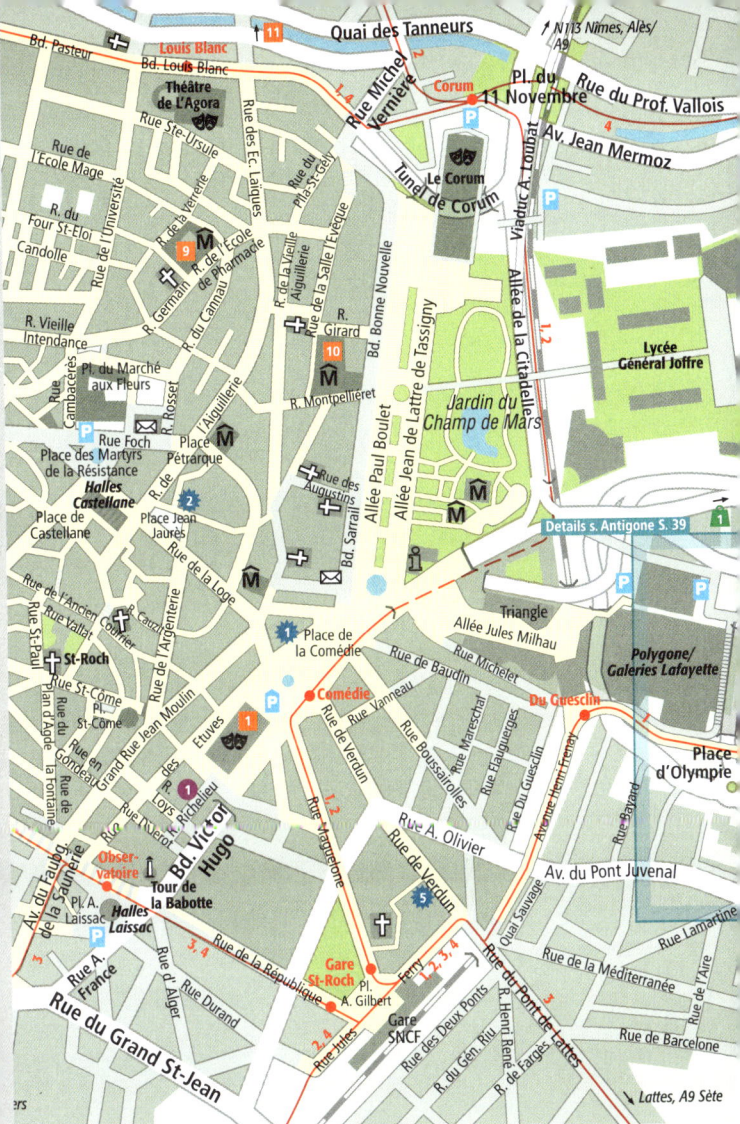

das gepflegte Äußere machen Lust, einzutreten. Die 26 Zimmer sind teils etwas klein, aber komfortabel eingerichtet – mal leicht verspielt in zarten Farben, mal sachlicher in kräftigeren Tönen. Parkhäuser liegen in Laufnähe.

3, rue du Palais des Guilhem, T 04 67 60 47 38, www.hoteldupalais-montpellier.fr, DZ ab 85 €

Mit romantischem Gärtchen
Hôtel des Arceaux ❷

Das Belle-Epoque-Haus vis-à-vis dem Aquéduc St-Clément ist nicht nur von außen hübsch anzusehen. Die 18 Zimmer besitzen ein modernes, aber behagliches Design und tragen jedes eine persönliche Handschrift. Wenn Sie sich einen Luxus gönnen wollen, wählen Sie die Nr. 302

 # 3

F
FOOD
COURT

Die Eröffnung der **Halles du Lez** ❷ (1348, av. R. Dugrand, http://hallesdulez.com, Di–So 12–22 Uhr) im Sommer 2019 war ein voller Erfolg. In einer weitläufigen Halle samt Rooftop und Terrassen laden zwei Dutzend Restaurants, darunter Dépendancen der renommierten Küchenchefs der Region, acht Bars und zwölf Lebensmittelstände zu einer kulinarischen Weltreise ein. Innerhalb kürzester Zeit avancierte der Food Court zur neuen Attraktion am Stadtrand. Mit dem Rad sind es ab dem Hôtel de Région am Ufer des Lez entlang nur zehn Minuten bis dorthin. Der Ausflug lässt sich wunderbar mit weiterem Architektur-Sightseeing im Viertel Port Marianne und rund um das Bassin Jacques Coeur kombinieren.

Aufbruch Richtung Meer – **Antigone**

Montpellier zählt zu den dynamischsten Städten Frankreichs. Der avangardistischen Architektur diente es schon Ende der 1970er-Jahre als Spielwiese. Damals beauftragten sie hier einen Stararchitekten mit dem Bau von Sozialwohnungen. So entstand das postmoderne Viertel Antigone.

Als der linke Juraprofessor Georges Frêche 1977 zum Bürgermeister gewählt wurde, platzte Montpellier aus allen Nähten. Seit 1962 hatte sich die Bevölkerung verdreifacht, am nördlichen Stadtrand wucherten gesichtslose Mietskasernen in Billigbauweise. Frêche aber sah die Zukunft der Stadt im Süden. Was lag näher, als in einem ersten Schritt das brach liegende ehemalige Armeegelände zwischen Zentrum und Lez neu zu planen?

Hinterausgang in die Antike

Entwurf und Planung des neuen Viertels **Antigone** vertraute Frêche dem katalanischen Architekten Ricardo Bofill an, dessen bombastisches Architekturensemble aber längst nicht jedermanns Geschmack traf. Die strenge Symmetrie der Plätze und die mit Säulen, Pilastern, Friesen und Giebeln verzierten Fassaden aus sandfarbenem Beton lassen an antike Stätten denken. Statuen rufen die griechische Mythologie wach, und selbst die Straßennamen beschwören das Altertum.

Von der **Comedie** aus führt der direkte Weg in die von Bofill inszenierte hellenistisch-römische Welt durch den Hinterausgang des Einkaufszentrums **Polygone** 🔒 – ein langlebiges Provisorium. Das einladende Entrée ins Viertel bildet sodann die **Place du Nombre d'Or** ❶, wo im begehbaren Brunnen Wasserfontänen im Rhythmus einer stummen Melodie steigen und fallen. Auch auf der **Place de Thessalie** ❷ sprudelt kühles Nass. Funktionalität beherrscht dagegen den nächsten Straßenabschnitt, den **Piscine Olympique** ❶ und **Mediathek** ❷ flankieren. Am Ende öffnet sich der 1000 m lange Boulevard mit dem weitläufigen Halbrund der **Esplanade de l'Europe** zum Flüsschen **Lez**.

Im Bassin des Ephèbes auf der Place de Thessalie umspielen Wasserfontänen drei Männerbüsten.

Ein Paradies für Architekten

Der riesige gläserne Torbogen des **Hôtel de Region** ❸, eine moderne Replika des Pariser Arc de Triomphe am gegenüberliegenden Flussufer, sollte als Symbol der städtebaulichen Neuorientierung verstanden werden. Denn bereits Bofill plante die weitere Expansion Richtung Süden zum Meer.

Die Stadterweiterung nahm aber erst um die Jahrtausendwende Fahrt auf, als Montpellier sich anschickte, das **Hôtel de Ville** ❹ am Ufer des Lez neu zu bauen. Den blau-schwarzen Kubus nach Plänen von Jean Nouvel und François Fontès entdecken Sie ca. 1 km weiter flussabwärts. Unmittelbar neben der Pont Juvénal erregt der **Arbre Blanc** ❺ des Japaners Sou Fujimoto großes Aufsehen. Der blendend weiße Wohnturm mit seinen 193 frei schwebenden Balkonen wurde unmittelbar nach seiner Fertigstellung 2019 zur schönsten Immobilie der Welt gekürt.

INFOS

Start: Tram-Haltestelle Antigone (Linie 1)

KULINARISCHES FÜR ZWISCHENDRIN

Die **Place du Millénaire** ❶ verwandelt sich *à midi* in eine einzige große Caféterrasse im Schatten von Zypressen und Pinien. Am Abend ist die Roof Top Bar in der 17. Etage des **Arbre Blanc** ❺ für ein Picknick unter den Sternen ›the place to be‹ (https://larbre-restaurant. fr, Di–Sa 18–24 Uhr).

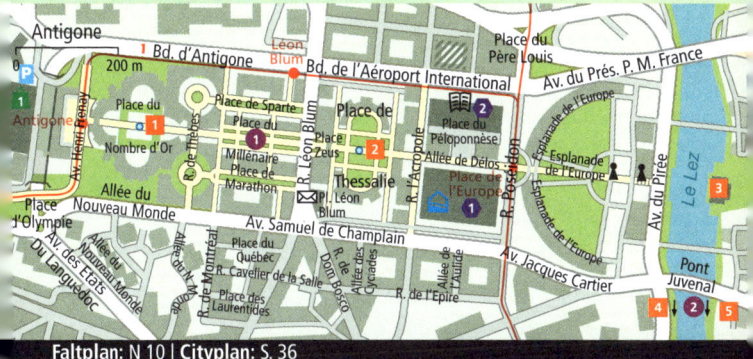

Faltplan: N 10 | Cityplan: S. 36

im Erdgeschoss mit kleinem Balkon und Gartenzugang (ab 120 €). Aber auch die preiswerteren Standardzimmer enttäuschen nicht.

33–35, bd. des Arceaux, T 04 67 92 03 03, www.hoteldesarceaux.com, DZ 75–180 €, Frühstück 11 €, gesicherter Parkplatz ab 7 €/Tag

Origineller Rahmen
Les Bains ❶
Die Umwidmung der ehemals öffentlichen Bäder der Stadt zum Restaurant ist mehr als geglückt. Hinter dem Portal von 1770 öffnet sich unerwartet eine große Innenhofterrasse mit Palmen und Wasserbecken. Rundum wurden die alten Duschkabinen in intime Salons verwandelt. Die Küche mit leicht asiatischer Note legt einen besonderen Aktzent auf Fischgerichte.

6, rue Richelieu, T 04 67 60 70 87, http://les-bains-de-montpellier.com, Mo–Sa 12–14, 19.30–23 Uhr, Menü mittags 30 €, abends 40 €

UMSTEIGEN!

Montpellier wächst und die Straßenbahn *(tramway)* fährt hinterher. Seit Sommer 2000 haben vier Linien den Betrieb aufgenommen. Jede von ihnen hat ihr eigenes cooles Design. Verwechslung unmöglich! Große Parkplätze – Parking P+Tram – an den Stadteinfahrten sowie unschlagbar günstige Tarife (Parken plus Tramticket für alle Fahrzeuginsassen 4,90 €) bewegt selbst überzeugte Autofahrer zum Umsteigen.

Zwei unter Dampf
Anga ❷
Seit seiner Eröffnung im Herbst 2015 genießt das Restaurant die Gunst der Kritiker und Gäste. Zu Recht! Das Küchenduo – Cyril Garcia und Arthur Lahmy – schwört auf eine besonders schonungsvolle und schmackhafte Zubereitung im Druckdampfgarer. Dies erklärt auch den Namen *ånga:* ›Dampf‹ auf Schwedisch. Doch damit endet der Ausflug in den hohen Norden auch gleich wieder. Die Gerichte sind typisch mediterran.

19, rue du Palais des Guilhem, T 04 67 60 61 65, www.anga-restaurant.fr, Di 20–23, Mi–Fr 12–14, 20–23, Menü mittags ab 22 €, abends ab 33 €

Sympathischer Allrounder
La Bistrote ❸
Das einfache Kneipenrestaurant neben dem Carré Ste-Anne ist leicht zu übersehen, wären da nicht die Außenplätze in der Gasse und die Schiefertafeln mit dem Tagesangebot. Es gibt Salate mit allerlei schmackhaften ›Beilagen‹, Burger mit Fleisch aus dem Aubrac, Tagesgerichte wie daheim bei *maman*. Auch an Vegetarier wird gedacht. Vormittags können Sie zum Frühstück einkehren, am Nachmittag zu Kaffee und Kuchen.

4, rue Philippy, T 04 67 66 14 17, bei Facebook, Di–Sa 9.30–23 Uhr, mittags ab 12 €, Menü 25 €

Gut platziert
Le Comptoir de l'Arc ❸
Das moderne Café-Restaurant an einem der schönsten Plätze der Stadt hat über die Jahre ein wenig Patina angesetzt. Beliebt ist es für einen Apéro, einen offenen Wein am Abend. Sie können hier aber auch noch spät einige Tapas bestellen. Die Bedienung ist immer gelassen.

Pl. de la Canourgue, T 04 67 60 30 79, bei Facebook, tgl. bis 1 Uhr, Gerichte ab 14 €

Wohnzimmer
Rebuffy Pub ❹
Während tagsüber die Geschäftsleute des Viertels auf einen Kaffee vorbeischauen, nimmt ab dem späten Abend ein jüngeres, studentisches Publikum die Terrasse in Beschlag. Abends ist es auch innen meist brechend voll.

2, rue Rebuffy, T 04 67 66 32 76, bei Facebook, Mo–Sa 10/11–1, So 15–1 Uhr, Gerichte ab 14 €

Die Kult-Adresse
Le Rockstore 🔋
Seit über 25 Jahren weist das Heck eines roten Cadillacs, das über dem Eingangsportal aus der Fassade ragt, Freunden rockiger Rythmen den Weg. Am frühen Abend lädt das Café Rock zu Pop Pock und Indie ein. Meist um 19.30 Uhr beginnen die Konzerte. Ab Mitternacht ist dann Clubbing angesagt.
20, rue de Verdun, T 04 67 06 80 00, www.rockstore.fr, Mo–Sa 18–5 Uhr, Club Di–Sa 24–5 Uhr (2020 blieb das Rockstore wegen der Corona-Pandemie geschlossen)

❶ Infos und Termine
OT: 30, allée Jean de Lattre de Tassigny, 34000 Montpellier, T 04 67 60 60 60, www.ot-montpellier.fr.
Aéroport Montpellier Méditerranée: Mauguio, www.montpellier.aeroport.fr. Zubringerbus 620 plus Tram.
Bahn: Gare St-Roch im Stadtzentrum (TGVs, Regional- und Lokalverkehr). Gare TGV Montpellier Sud de France an der A 9; Zubringerbus 620 plus Tram.
Bus: Terminals an den Endhaltestellen der Tramway-Linien, Infos unter www.herault-transport.fr.
Stadtverkehr: Stadtbusse und Straßenbahnen stehen unter der Regie von **TaM,** ebenso wie Park&Ride-Plätze und der Radverleih **Vélomagg.** Die Stadträder können an 57 Stationen mit Bankkarte und Handy ausgeliehen werden. Infos unter www.tam-voyages.com.
FISE: Mai, www.fise.fr. Festival der Extremsportarten am und auf dem Lez. Spektakuläre Aktionen (u.a. BMX, Wakeboard) und tolle Stimmung.
Montpellier Danse: Anf. Juni–Anf. Juli, www.montpellierdanse.com. Internationales Tanzfestival im Théâtre de l'Agora.
Festival de Radio France: Zweite Julihälfte, https://lefestival.eu/. Hier steht Musik von Klassik über Jazz bis Elektronik auf dem Programm.
FAV: Mitte Juni, http://festivaldes architecturesvives.com. Architekturparcours im historischen Stadtzentrum.

IN DER UMGEBUNG

Mit dem Rad ans Meer
Die beiden Badeorte **Carnon-Plage** und **Palavas-les-Flots** (🗺 N/O 11) mit ihren kilometerlangen Dünenstränden liegen auf einem schmalen Lido zwischen Etangs und Meer. Von Palavas kann ein ausgiebiger Strandspaziergang zur ehemaligen **Cathédrale St-Pierre de Maguelone** (12. Jh.) führen, die fast ganz vom Etang de Prévost umspült wird. Einen Badeausflug und den Besuch von Maguelone können Sie von Montpellier aus auch mit einem Rad von Vélomagg unternehmen.

Zwischen Weinreben und Garrigue
Das sonnenverwöhnte Hügelland nördlich von Montpellier wird von der markanten Silhouette des **Pic St-Loup** (🗺 M 9) beherrscht. Montpelliers Hausberg ist namensgebend für das Appellations-Weinbaugebiet zu seinen Füßen. Schilder mit der Aufschrift ›dégustation‹ weisen zu *domaines* mit Direktverkauf. Einst jedoch waren die Hügel nördlich des Pic St-Loup

Von Cazevieille führt ein steiler, steiniger Weg hinauf auf den Pic St-Loup. Nehmen Sie die Anstrengung auf sich, das Panorama ist umwerfend!

dicht bewaldet und lieferten Glasbläsern den nötigen Brennstoff. Bis zur Revolution florierte ihr Handwerk in der Gegend. In **Claret** (🕮 N 8) beleuchtet die **Halle du Verre** (50, av. du Nouveau Monde, Juli, Aug. tgl. 10–13, 14–19, Mai, Juni, Sept.–Nov. Mi–So 14–18 Uhr, 4 €) die Glaskunst von der Antike bis heute. Auf dem Rückweg nach Montpellier lohnt **St-Martin-de-Londres** (🕮 M 9) mit einem pittoresken Ortskern und einer frühromanischen Kirche (11. Jh.) den Besuch.

Info: https://grandpicsaintloup.fr.

🏠 Im Herzen des Weinbergs
L'Auberge du Cèdre

Das alte Herrenhaus der Domaine de Cazeneuve wurde in eine freundliche Herberge verwandelt, mit 19 Zimmern, die sich auch für den Familienurlaub eignen. Die Einrichtung ist ansprechend, ohne Schnickschnack. Es gibt auch einen *gîte* und vier Plätze fürs Zelt. Im Park erfreuen alte Bäume und ein Pool. In der Orangerie und auf der Terrasse lädt während der Woche mittags das Bistro sowie am Wochenende das Restaurant auch Nicht-Hausgäste ein.

Domaine de Cazeneuve, Lauret, D 17, T 04 67 59 02 02, www.auberge-du-cedre.com, DZ ab 82 € inkl. Frühstück, Halbpension im DZ ab 56 €/Pers.; Restaurant Fr abends–So mittags Menü 30–43 €, Reservierung erforderlich; Bistro Mo–Fr mittags, Tapas 4–10 €, Tagesgericht 16 €, Menü im Bistro 26 €, im Restaurant ab 37 €

Eine unterirdische Kathedrale

In der **Grotte des Demoiselles** (🕮 M 8) beflügeln zauberhafte Tropfsteinfiguren die Fantasie. Zentrum der Höhle ist ein riesiger Saal mit einem überaus reichen Ensemble an Stalagmiten und Stalagtiten, das eine Lichtschau effektvoll in Szene setzt. Von der Entdeckung dieser Märchenwelt im Jahr 1780 erzählen auf die Felswände projizierte Filmszenen.

St-Bauzille-de-Putois, https://demoiselles.com, ganzjährig tgl. 80-minütige Führungen April–Juni, Sept. 10.30–16.30, Juli, Aug. fortlaufend 10–18, Okt.–März Sa, So 11, 13, 14.30, 16, Mo–Fr 14.30, 16 Uhr, 12,50 €, 4–11 J. 7,90 €, 12–17 J. 9,50 €

Lodevois-Larzac

🕮 K/L 8–10

Im Herzen des Départements Hérault können Sie atemberaubende Landschaften, kleine Provinzstädtchen und uralte Dörfer entdecken. Allerdings müssen Sie Zeit mitbringen, denn die Straßen sind kurvenreich und schmal.

Mit Gebrüll

Wenige Kilometer nördlich von **Gignac** (📖 L 10) stößt die weite grüne Ebene des Hérault an die Abhänge des Larzac. Durch das Felsmassiv hat der Fluss eine wilde Schlucht getrieben, in der das Klosterdorf **St-Guilhem-le-Désert** liegt (▶ S. 44). Welche Schätze sich unter der Erde verbergen, offenbart die **Grotte de Clamouse** (www.clamouse.com, Juli, Aug. 10–18.30, Juni, Sept. stündl. 10.30–17.30, Okt.–Mai, Okt. stündl. 10.30–16.30 Uhr, 11,60 €, 12–18 J. 8,80 €, 3–11 J. 6,80 €), die mit zarten, weißen Kristallblumen verzaubert. Hindurch fließt ein Bach, der sich nach starken Regenfällen mit ›Gebrüll‹ (okz. *clamousa)* in den Hérault stürzt.

🛏 A la Campagne
Domaine de Pélican

Die *chambres d'hôtes* auf einem Weingut (18. Jh.) außerhalb von Gignac lassen den Traum vom südfranzösischen Landleben wahr werden. Neben fünf Gästezimmern gibt es auch einen *gîte* und Campingplätze im Pinienwäldchen. Ein Swimmingpool und der Blick über die Reben auf den Pic St-Baudille machen die Idylle komplett.

Chemin de Pélican, Gignac, T 04 67 57 68 92, www.domainedepelican.fr, DZ ab 85 € inkl. Frühstück, *table d'hôtes* 30 € inkl. Wein

Blick in den Abgrund

Durch die Weinlagen der **Terrasse du Larzac** windet sich die Straße von Gignac hoch nach **La Vacquerie-et-St-Martin-de-Castries** und läuft dann über die weite Einöde der **Causse du Larzac** schnurgerade auf **St-Maurice-Navacelles** zu. Am Ortsausgang folgen Sie der Beschilderung links zum Südrand des **Cirque de Navacelles** (📖 L 8). Vom **Baume Auriol** (Infostelle mit Bauernladen und Restaurant, www.cirquenavacelles.com, Mitte März–Nov.) fällt der Blick in den 300 m tiefen Abgrund des Talkessels. Wie mit einem gewaltigen Bohrer hat die Vis diesen gigantischen Krater ins Karstgestein gefräst. Die Fahrt über etliche enge Serpentinen hinab zum Dörfchen **Navacelles** im Zentrum des Cirque ist nichts für zarte Nerven

und dicke Campingcars. Im Hochsommer steigen Sie am besten in den Pendelbus um (Mitte Juli–Ende Aug., ab 1,50 €). Unten im Dorf heißt es, hinein in die Wanderschuhe und der Vis flussauf zur **Source de la Foux** folgen. Dort hütet ein altes Mühlengebäude die spektakuläre ›Wiedergeburt‹ *(résurgence)* der Vis. Mit lautem Getöse schießt der Bach aus einer mächtigen Quelle im Fels aus seinem unterirdischen Bett hervor. Nach der Wanderung, die ca. drei Stunden dauert, können Sie sich je nach Wetter in der Kaskade in Navacelles abkühlen und in der **Auberge de la Cascade** (T 04 67 81 50 95, April–Okt.) stärken. Bei Bedarf finden Sie hier auch ein Zimmer für die Nacht. Die Rückfahrt führt über den Causse hinab nach Lodève.

Info: www.tourisme-lodevois-larzac.fr

»Ehre gebührt der Arbeit«

Für Kunstinteressierte lohnt ein Halt in der ehemaligen Bischofsstadt **Lodève** (📖 K 9) 7800 Ew.), deren **Heimatmuseum** im Geburtshaus des Kardinal Fleury (Square George-Auric, www.museedelodeve.fr, Di–So 10–18 Uhr, 10 €) regelmäßig mit hochkarätigen Sonderausstellungen von sich reden macht. Sowohl Lodève als auch dem benachbarten **Clermont l'Hérault** (📖 K 10; 8000 Ew.) verhalfen einst Gerberei, Weberei und Tuchhandel zu einem gewissen Wohlstand. Noch bis 1954 war die **Manufacture Royal de Villeneuvette** in Betrieb. Zeitweise arbeiteten hier bis zu 800 Weber und Färber getreu

---

ALLES IN ÖL

Hinter unscheinbarer Fassade entpuppt sich der Laden der **Huilerie Confiserie Coopérative** (13, av. Président Wilson, www.olidoc.com, Mo–Sa 9–12.30, 14–19 Uhr) in Clermont-l'Hérault als wahre Fundgrube für kulinarische Reiseandenken. Außer Produkten aus Oliven finden Sie eine reiche Auswahl regionaler Weine und Delikatessen.

Pilgern in die Einöde –
St-Guilhem-le-Désert

Als sich um das Jahr 1000 das christliche Abendland auf Pilgerschaft zum Grab des hl. Jakob begab, war St-Guilhem-le-Désert in den weltfernen Gorges de l'Hérault eine der wichtigsten Stationen. Der Teufel persönlich ebnete den Pilgern den Weg durch die Schlucht.

Guilhem, der an der Seite Karls des Großen gegen die Mauren gekämpft hatte, entsagte nach dem Tod seiner Frau allem Weltlichen und gründete 804 am Verdus ein bescheidenes Priorat, in dem er am 12. Mai 812 starb. Sein Grab zog schon bald unzählige Wallfahrer an, sodass dank der großzügigen Spenden der Gläubigen um 1050 ein beeindruckendes Kloster errichtet werden konnte und rundum das Dorf Gellone erblühte.

Teufelswerk

Noch heute machen Jakobspilger, die auf dem **Chemin d'Arles** unterwegs sind, in St-Guilhem-le-Désert halt. Doch die meisten Besucher reisen motorisiert an. Ein großer Parkplatz vor dem Ausgang der **Hérault-Schlucht** samt Zubringerbus soll den Ansturm in der Hochsaison kanalisieren. Die **Maison du Grand Site** 1 informiert umfassend über das Klosterdorf, das seit 1998 zum UNESCO-Welterbe gehört, und die umliegende Natur. Auf einem Fußweg gelangen Sie in ca.

Dem Teufel passte es gar nicht, als die Mönche von Aniane und Gellone den Kontakt zwischen ihren Klöstern durch eine Brücke vereinfachen wollten. Allnächtlich zerstörte Satan ihr Werk, bis sie ihm die Seele des ersten Brückenbenutzers versprachen. Jedoch waren die frommen Männer mit allen Wassern gewaschen und schickten einen Hund über die Brücke in die Fänge des Teufels.

20 Minuten zur mittelalterlichen **Pont du Diable (Teufelsbrücke)** 2. Der Kieselstrand am Fuß der Brücke ist im Sommer ein gefragter **Badeplatz** 1. Auch Kanus können Sie mieten und in die enge Felsschlucht hineinpaddeln. Wer sich für Töpferei interessiert, spaziert über die Brücke in ca. 10 Minuten zum **Argileum** 3 in St-Jean de Fos.

Ans Ende der Welt

Vorbei an der Grotte de Clamouse und den Ruinen einiger Mühlen geht es durch die Hérault-Schlucht nach **St-Guilhem-le-Désert.** Von der Durchgangsstraße steigt die schmale, von Ateliers und Souvenirshops gesäumte Hauptgasse zum Platz vor der **Klosterkirche** 4 an, über den eine mehr als 150-jährige Platane ihren Schatten wirft – außerhalb der Hochsaison ein perfekter Ort für eine Erfrischung! Die dreischiffige Klosterkirche ist in ihrer harmonischen Einfachheit charakteristisch für die Romanik im Languedoc. Von ihrem einst prächtigen Kreuzgang zeugen jedoch nur noch einige ärmliche Fragmente. Er war nach der Revolution abgerissen und Stück für Stück verkauft worden. Seine Säulen, Kapitelle und über 140 Skulpturen schmücken heute das Cloisters Museum in New York.

W WANDERN

Eine meiner Lieblingswanderungen führt aus dem Tal des Verdus zu den **Fenestrettes** 2, die Sie hoch oben in der Felswand des Cirque de l'Infernet erspähen können. Die Mönche von St-Guilhem befestigten im 18. Jh. mit diesen gemauerten Bögen in schwindelnder Höhe einen uralten Herdenweg zur Causse de Larzac, den auch die Jakobspilger nutzten. Während die Pilgerroute hinter der Passage nach rechts abschwenkt, führt der gelb markierte Rundweg links bergan zum Belvedere **Max Nègre** und bergab zurück ins Klosterdorf (ca. 3,5 Std., 10 km).

INFOS/ÖFFNUNGSZEITEN

Web: www.saintguilhem-valleeherault.fr
Maison du Grand Site 1: Juli, Aug. 10–19, April–Juni, Sept 10.30–13, 14–18, Okt. 10–13, 14–17 Uhr
Parken: Juli, Aug. Tgl., April–Sept. Sa, So, in den Ferien 6 €, inkl. *navette* ins Dorf, sonst Parken frei; im Dorf Parken 20 Min. frei, 4 Std. 7 €, 9 €/Tag
Abbaye de Gellone 4: tgl. 8–18 Uhr; Kreuzgang über Mittag geschl. (Mo–Sa 12–12.45, So 11–12.15 Uhr)

KULINARISCHES FÜR ZWISCHENDRIN

Wer dem Rummel vor der Kirche entfliehen möchte, lässt sich an der charmanten **Table d'Aurore** 1 mit Blick in die Hérault-Schlucht nieder. Das Restaurant gehört zum **Hôtel Le Guilhaume d'Orange** (2, av. Guillaume d'Orange, St-Guilhem, T 04 67 57 24 53, www.guilhaumedorange.fr, DZ ab 75 €, Menü ab 25 €).

dem Motto über dem Eingangstor »Honneur au travail«. Heute haben in den ehemaligen Produktionsstätten und Arbeiterhäusern Künstler und Kunsthandwerker Quartier bezogen.

🍴 Aus der Zeit gefallen
La Source
Die behutsam renovierten Gebäude der Tuchmanufaktur von 1670 und der ebenso alte Park (mit Pool) bilden den wunderschönen Rahmen des Hotel-Restaurants. Wer zum Essen einkehrt, hat die Wahl zwischen einem Platz unter dem Steingewölbe im Saal Colbert oder auf der schattig-grünen Terrasse am Pool. Die 14 Hotelzimmer verteilen sich auf separate Häuschen am Rand des Parks.
Villeneuvette, T 04 67 96 05 07, www. hoteldelasource.com, DZ ab 86 €; Restaurant Di abends–So mittags, Juli, Aug. auch So abends, formule 19 € u. 24 €, Menü 35 €

Surreale Landschaften
Westlich von Villeneuvette hat die Natur die bizarre Felslandschaft des **Cirque de Mourèze** (📖 K 10) geschaffen. Vom mittelalterlichen Weiler **Mourèze** führt ein Rundweg durch das Labyrinth und hinauf auf die **Monts de Liausson.** An deren Fuß breitet sich in einer afrikanisch anmutenden rotbraunen Hügellandschaft der **Lac du Salagou** aus, ein beliebtes Ziel von Wassersportlern und Radlern.

Sète 📖 M 12

Die Hafenstadt (44 000 Ew.) empfängt ihre Besucher mit dem Geruch von Fisch und Meer und dem Geschrei der Möwen. Die Trawler fahren auf dem Canal Royal mitten in die Stadt hinein und sorgen für ein buntes Spektakel. Dass auf der ›einzigartigen Insel‹ zwischen Mittelmeer und Etang de Thau auch die Kunst einen besonderen Platz einnimmt, davon zeugen Museen, Galerien, Austellungen. In der Corniche und den Vierteln südlich des Mont St-Clair entpuppt sich Sète als mondäner Badeort.

ÜBRIGENS

Sète oder Cette? Aus der Ferne erinnert der Hausberg von Sète an den Buckel eines Walfisches, auf Latein *cetus.* So soll die Stadt, die sich bis 1928 Cette schrieb, zu ihrem Namen gekommen sein, heißt es. Jedenfalls ziert ein Wal auch das Stadtwappen.

Der Tanz der Fischtrawler
Der **Canal Royal** 1 ist die Lebensader von Sète. Der königliche Kanal ist gesäumt von pastellfarbenen Stadthäusern, die allerdings schon bessere Tage erlebt haben. An seinen Kais liegen die Netze der Fischer zum Trocknen aus. Hier starten auch die Boote von **Sète Croisières** zu Rundfahrten. Restaurants, Cafés und Souvenirshops reihen sich aneinander. Kommen Sie am Nachmittag hierher, wenn die Fischtrawler in den **Vieux Port** einlaufen und ihren Fang an der **Criée** 2 ausladen. Ein Spaziergang führt über die **Môle St-Louis,** mit deren Bau 1666 die Geschichte von Sète begann, zum **Phare St-Louis** 3 (Aufstieg: Juli, Aug. 10–13, 16–19, April–Juni, Sept. Sa–Mi 10–13, 14.30–17.30 Uhr, 3,50 €) und damit zu einer schönen Aussicht auf Hafen und Stadt. Zwischen den Hausreihen am Hang des St-Clair ragt schützend die vergoldete Marienstatue hoch oben auf dem Turm der **Décanale St-Louis** auf.

Kunst im Alltag
Am Canal Royal wird deutlich, dass Sète zwischen Tradition und Avantgarde lebt. In einem ehemaligen Fischkühlhaus, einem Bunker, bietet das **Centre Régional d'Art Contemporain – CRAC** 4 (26, quai Aspirant-Herber, http://crac.laregion. fr, Mo, Mi–Fr 12.30–19, Sa, So 14–19 Uhr) der aktuellen Kunstszene ein Forum. Leicht zu übersehen ist das **Musée International des Arts Modestes – MIAM** 5 (23, quai Tassigny, www.miam. org, April–Sept. Di–So 11–18, Okt.–März Di–So 9.30–12, 14–18 Uhr, 5,60 €,

10–18 J. 3,60 €), das mit ausgefallenen und oftmals witzigen Ausstellungen die Alltagskunst inszeniert. Seine Gründung geht zurück auf eine Idee des Sammlers Bernard Belluc und des Sètoiser Malers Hervé Di Rosa. Hervé, sein Bruder Richard und Robert Combas gehören zur Rock-Generation, die Mitte der 1980er-Jahre der *Figuration libre* den Weg bereiteten. Die Kunst – vor allem junger Talente– für jedermann zugänglich machen, möchte der Sèter Sammler Gilbert Ganivenq. Am Kanal gründete er **Le Reservoir** 🟥6 (45, Quai de Bosc, https://artetpatrimoine.art, Mi–Sa 10–13, Mi–So 14.30–19), das Galerie und Museum kombiniert.
Mit Kunst, die sich hören lassen kann, erfreute (und erfreut) Georges Brassens (1921–81) das Volk. Im **Espace Brassens** 🟥7 (67, bd. Camille Blanc, www.espace-brassens.fr, Bus Linie 3 ab Mole, Juni–Sept. Di–So 10–18, Okt.–Mai Di–So 9–12, 14–18 Uhr, 5,90 €, 10–18 J. 2,40 €) dokumentiert eine audiovisuelle Ausstellung das Leben und Werk des großen französischen Chansonniers.

Am Canal Royal
L'Orque Bleue 🟠1
Die Fassade des Belle-Epoque-Hauses könnte zwar einen Anstrich vertragen, innen jedoch wurde es komplett modernisiert. Eindrucksvoll ist das Entrée, etwas beengt sind die Zimmer. Größter Vorzug des Hauses ist natürlich der Blick auf den Kanal, doch der kostet extra.
10, quai Aspirant Herber, T 04 67 74 72 13, www.hotel-orquebleue-sete.com, DZ ab 89 €, zum Kanal ab 129 €

Modernes Bistro
Paris Méditerranée 🟠1
Der Chef kommt aus der Kapitale, seine Frau stammt aus Sète. Ihr Restaurant heißt also nicht von ungefähr wie der alte Nachtzug, der die Pariser ans Mittelmeer brachte. Die Lage abseits der Kais schadet dem Restaurant nicht, besitzt es doch eine schöne Hofterrasse. In ungezwungener Atmosphäre können Sie hier frische Mittelmeerküche genießen.
47, rue Pierre-Sémard, Sète, T 04 67 74 97 73, bei Facebook, Di–Fr 12–14, 20–22, Sa 20–22 Uhr, Menü mittags 30 €, abends ab 34 €

Der Bauch der Stadt
Les Halles de Sète 🟠1
Über den häßlichen Betonklotz aus den 1970er-Jahren wurde eine riesige Metallhaut geworfen, die an das Meer und die Fischernetze erinnern soll. Auch das Innere erhielt ein Facelifting. Zwischen den Ständen der Händler bitten Magic Mac und ihr Team im Restaurant **Halles et Manger** zu Tisch.
Rue Gambetta, www.halles-sete.fr

Im Vieux Port in Sète leben Möwen im Schlaraffenland, garantiert die Einfahrt der Fischtrawler am Nachmittag doch immer einen gut gedeckten Tisch.

5

Leben und sterben mit Meerblick – **Mont St-Clair**

Der Mont St-Clair ist die weithin sichtbare Landmarke von Sète. Der Weg hinauf ist von allen Seiten beschwerlich. Aber lohnend! Oben auf dem Hügel genießen Sie Postkartenansichten über die Stadt und das unendliche Blau des Meeres einerseits, über die Etang de Thau bis weit ins Hinterland andererseits.

Der Mont St-Clair war eine öde Insel, an deren landseitigen Ufern ein paar Fischer hausten, bevor Louis XIV. befahl, hier einen Hafen anlegen zu lassen. Im 18. und 19. Jh. gefiel es dann den Besserbetuchten Sétois, auf dem Berg Villen in großen Parks mit Blick aufs Meer zu errichten. Auch Künstler faszinierte immer schon die Lage zwischen Meer und Himmel. So hatten der Bildhauer Pierre Nocca (1916–2016) sowie die Maler Pierre Soulages (geb. 1919) und Maurice-Elie Sarthou (1911–99) ihre Ateliers auf dem St-Clair. Sie fanden hier neben Inspiration offenbar auch die Ingredienzien für ein langes Leben.

S
SCHATZ

Um den Mont St-Clair ranken sich viele Geschichten. Eine besagt, dass der berühmte Pirat Barberoussette im 16. Jh. auf dem Hügel sein Beutegut versteckt haben soll.

Auf dem Buckel des Walfisches

Vom Canal Royal erreichen Sie über die Rues Paul Valéry, Louis Ramond und Belford die Treppen des Chemin de Biscan-Pas: Nun sind es noch 244 Stufen bis hinauf zur **Aussichtsterrasse** am **Croix de St-Clair** 8 . Von hier können Sie Sète mit den Augen durchstreifen. Ein 360°-Panorama öffnet sich ein paar Stufen höher vom Dach des Souvenirshops. Die benachbarte Kapelle **Notre-Dame-de-la-Salette** ist Ziel regelmäßiger Wallfahrten. Ihr Inneres schmücken bemerkenswerte moderne Fresken, ihr gedrungener unverputzter Turm diente einst als geodätischer Messpunkt.

Schmale Gassen mit kleinen Häuschen in freundlichen Farben verleihen manchen Vierteln der Stadt einen dörflichen Charakter.

Die Keimzelle von Sète

Abwärts geht es zunächst auf dem Chemin de St-Clair, sodann links über den Chemin du Mas-Rousson und 380 Stufen (!) hinab ins pittoreske **Quartier Haut.** Es ist das älteste Viertel der

Von der Aussichtsterrasse am Croix de St-Clair 175 m über dem Meer erscheinen die Schiffe unten im Hafen winzig klein. Gut, dass hier Fernrohre stehen.

Stadt mit kleinen, einfachen Häuschen, dessen Gassen am Felshang über dem Hafen zu kleben scheinen.

Seine ersten Bewohner waren die Arbeiter, die Sète und seinen Hafen 1666 bauten, 200 Jahre später fanden hier Fischerfamilien aus Neapel eine neue Heimat. Ihnen verdankt das Quartier Haut seinen südländischen Charme. Als Hommage an die italienischen Bewohner schuf Buddy (Richard) Di Rosa 1992 eine poppige **»Mamma«** 9: Drall, blond und blauäugig (!) räkelt sie sich auf ihrem steinernen Divan auf der **Place de l'Hospitalet.**

Zur letzten Ruhe

Künstler fühlen sich von der Atmosphäre des Viertels angezogen, wie Ateliers in den Gassen belegen. Das künstlerische Schaffen in Sète im 20. Jh. illustrieren zahlreiche Gemälde im **Musée Paul Valéry** 10, das dem großen Dichter der Stadt gewidmet ist. Bücher, Manuskripte und Bilder lassen sein Leben Revue passieren. Das Museumsgebäude im Stil Corbusiers profitiert von seiner einzigartigen Lage an der Flanke des Mont St-Clair. Die schattige Terrasse seiner Cafeteria empfiehlt sich für eine Pause mit Meerblick.

Seine letzte Ruhe fand Paul Valéry 1945 nur wenige Schritte entfernt auf dem Friedhof St-Charles, der seither in Anlehnung an ein Gedicht des Künstlers **Cimetière Marin** 11 genannt wird. Surreal mutet die Stimmung auf dem Seemannsfriedhof an, wo über weiße Marmorgruften und Kreuze der Blick zum unendlich blauen Horizont schweifen kann.

INFOS/ÖFFNUNGSZEITEN
Spaziergang: ca. 5 km
Bus: Linie 5 von der Mole zum Croix de St-Clair und weiter zum Aussichtspunkt Les Pierres Blanches
Musée Paul Valéry 10: rue François Desnoyer, http://museepaul valery-sete.fr, April–Okt. tgl. 9.30–19, Nov.–März Di–So 10–18 Uhr, 9,90 €, 10–18 J. 5,30 €
Cimetière Marin 11: Juli–Sept. 8–19, Okt.– Juni 8–18 Uhr

EINKEHR ZWISCHENDRIN
Oberhalb der Place de l'Hospitalet treffen sich die Anwohner im **Café Social** 2 (35, rue Villaret-Joyeuse, T 04 67 74 54 79, So abends, Mo geschl.) zum Apéro und zum Feiern. Vor allem nach einem Fischerstechen geht es im Stammlokal der Jeune Lance Sétoise, einer der sechs *joutes*-Vereine der Stadt, hoch her.

SÈTE

6 Le Reservoir
7 Espace Brassens
8 Croix de St-Clair
9 La Mamma
10 Musée Paul Valery
11 Cimetière Marin

In fremden Betten
1 L'Orque Bleue

Satt & glücklich
1 Paris Méditerranée
2 Café Social

Stöbern & entdecken
🛍 Les Halles de Sète

Wenn die Nacht beginnt
❋ Théâtre de la Mer

Sehenswert
1 Canal Royal
2 Criée
3 Phare St-Louis
4 CRAC
5 MIAM

Sport & Aktivitäten
1 KayakMed/BikeMed

Tolle Kulisse
Théâtre de la Mer – Jean Vilar ❋
In der ehemaligen Vauban-Festung finden im Sommer regelmäßig Open-Air-Veranstaltungen statt.
Promenade Maréchal Leclerc

Zu Wasser und an Land
KayakMed & BikeMed ❶
Eine originelle Art, Sète, seine Küste und den Entang de Thau kennenzulernen, bieten geführte Touren im Kajak. Sie können aber auch Kajaks und Stand Up Paddles oder Fahrräder leihen und auf eigene Faust auf Erkundung gehen.
Info/Radverleih, 19, promenade Jean-Baptiste Marty, T 06 95 63 12 75, www.kayakmed.com

La Grande Bleue
Unverbauter Sandstrand
Von der **Corniche** bis **Marseillan-Plage** erstreckt sich auf dem **Lido** des Etang de Thau ein 12 km langer Strand. Im Juli/ August sind die parkplatznahen Abschnitte dennoch immer hoffnungslos überfüllt und auf der D 612 staut sich der Verkehr. Wer es komfortabler mag, verbringt den Strandtag in einem der Beach-Lokale (*paillotes*) nahe der Corniche.

❶ Infos und Termine
OT: 60, Grand'Rue Mario Roustan, 34200 Sète, T 04 67 74 71 71, www.tourisme-sete.com.
K-Live: Ende Mai/Anfang Juni. Das Graffiti-Festival verwandelt graue Fassaden überall in der Stadt peu à peu in ein **Musée à Ciel Ouvert (MaCo).** Info unter http://k-live.fr.
Fête de la St-Pierre: Ende Juni/Anfang Juli, dreitägiges Fischerfest.
Fête de la St-Louis: Um den 25. Aug., großes Stadtfest mit *joutes nautiques.*

Etang de Thau

📖 L/M 11/12

Die größte Lagune an der Küste Okzitaniens – 19 km lang und bis zu 5 km breit – besitzt alle Trümpfe eines Ferienparadieses. In ihren Hafenstädtchen halten sich Tourismus und Alltagsleben die Waage. An ihren seichten Stränden können auch jüngere Kinder gefahrlos toben. Wassersportler üben sich in den neuesten Trend-

sportarten. Genießer schätzen die große Auswahl an Restaurants, bei denen natürlich Fisch und die hier gezüchteten Austern und Muscheln ganz oben auf der Speisekarte stehen. Der passende Wein dazu wächst direkt am Wasser und fasst die Lagune mit einem grünen Band ein. Aktive können auf einer ausgeschilderten Piste einmal um den Etang herumradeln.

Austernzucht und Weinbau

In **Bouzigues** dreht sich alles um die Austernzucht, die im Etang an sogenannten *tables* (Tischen) betrieben wird. In den Probierstuben der Züchter an der Uferstraße können Sie die *huîtres* schlürfen. Dazu schmeckt ein Gläschen Piquepoul, ein fruchtig-trockener Weißwein aus hiesigem Anbau. Mit seinen relativ kleinen, sanft abfallenden Sandstränden ist **Mèze** ein beliebtes Ziel von Urlaubern mit Kindern. Sein malerischer Hafen bildet mit zahlreichen Restaurants das gastronomische Zentrum am Etang de Thau. Auch die Hausboottouristen machen gerne an der Mole fest, oder sie steuern **Marseillan** an, wo der Canal du Midi bei der **Pointe des Onglous** in den Etang mündet. Ein Abstecher führt landeinwärts zu der inmitten von Weinfeldern gelegenen **Domaine et Abbaye de Valmagne** (☐ L 11, Mitte April–Juni Di–So 10–19, Juli–Sept. tgl. 10–19, Okt.–Mitte April Di–Sa 14–18, So 10–18 Uhr, 8,50 €). Eine Führung gibt Zugang zur gotischen Klosterkirche, die nach der Revolution als Weinkeller zweckentfremdet wurde, und zum Kreuzgang mit seinem wunderschönen Brunnen. Selbstverständlich werden die Weine der Abbaye gleich vor Ort vermarktet. In der angeschlossenen Ferme-Auberge Le Vigneron werden sie auch glasweise zum Essen eingeschenkt (Mitte April–Sept. Di–So mittags geöffnet, T 04 67 78 13 64).

🏠 Am Ufer des Etang
Hôtel de la Pyramide
Das relativ neue Haus in einem Garten mit kleinem Pool und jungen Olivenbäumen liegt am Rand von Mèze. Die 27

FASSGEREIFT

Am Hafen in Marseillan liegen die *caves* des Wermutproduzenten **Noilly Prat**. Sein rundes Bouquet erhält der Aperitif durch eine zwölfmonatige Lagerung in Eichenholzfässern unter freiem Himmel, während seine würzige Note gemäß einer natürlich streng gehüteten Rezeptur aus dem Jahr 1813 durch die Zugabe von über einem Dutzend Kräutern erreicht wird. Auf einer Führung öffnen sich die Türen zum Keller und zum Fasslager im Hof (1, rue Noilly, www.noillyprat.com, Verkauf Mai–Sept. 10–12, 14.30–19, März, April, Okt., Nov. 10–12, 14.30–17.30 Uhr; Führungen s. Website).

Zimmer sind mit Terrakotta-Böden und schlichtem schmiedeeisernem Mobiliar ausgestattet sowie mit Terrasse oder Balkon. Schön ist der Blick auf die Lagune.
8, promenade Sergent Jean-Louis Navarro, Mèze, T 04 67 46 61 50, www.hoteldela pyramide.fr, DZ 70–98 €

🏠 In den Weinhügeln
Château les Sacristains
Die ehemalige Dépendance der Abbaye de Valmagne wurde vorbildlich restauriert und zeigt sich heute als romantische Ferienanlage. Zimmer und Apartments verteilen sich auf mehrere Natursteingebäude rund um einen Pool. Auch die Gestaltung der Außenanlagen beweist viel Geschmack. Im Sommer auch Restaurant.
5 km westl. von Mèze, rechts der N 113, T 04 67 03 46 90, www.chateau-les-sacristains.fr, DZ ab 95 €, Apartments ab 560 €/Woche

🍴 Am Hafenbecken
Les Saveurs de Thau
Der Laden brummt und es empfiehlt sich zu reservieren, vor allem, wenn Sie draußen am Hafenbecken sitzen möchten. Sie können Ihr Menü aus einer stattlichen Auswahl an Entrées, Hauptspeisen und Desserts selbst zusammenstellen. Alles ist schmackhaft zubereitet und man

fragt sich, wie die kleine Küche das bewerkstelligt. Mit Ausnahme des Filets vom Känguruh hält die Karte an den mediterranen Klassikern fest.

Quai Baptiste Guitard, Mèze, T 04 67 43 53 73, www.lessaveursdethau.com, tgl. 10–14, 18–22 Uhr, Menu midi-express 16,80 € (Mo–Fr), sonst Menü ab 22,80 €

🍴 Beim Produzenten
La Tablée

Die Lage zwischen den *mas* der Austernfischer am Rand von Marseillan sowie die Terrasse am Etang machen den besonderen Charme des Restaurants aus. Ein traumhafter Ort für all diejenigen, die Fisch, Muscheln und Meeresfrüchte lieben.

Rte. des Parcs, Marseillan, T 04 67 21 21 20, www.lafermemarine.fr, tgl. 12–14, 19.30–21.30 Uhr, Meeresfrüchte-Büffet/Menüs ab 31,90 €

🌀 Abtauchen zu Seepferchen & Co.
Osez Plonger

Tauchlehrer Pascal Cottinet nimmt seine Schüler mit auf eine spannende Reise zu den Unterwasserwiesen des Etang de Thau, wo sie Seepferdchen, das Emblemtier der Lagune, aber auch Tintenfische, Seehasen oder Grundeln beobachten können.

Av. de la Gare, Balaruc-les-Bains, T 06 62 37 79 93, www.thauplongee.com

ℹ Infos und Termine
OT: Quai Baptiste Guitard, 34100 Mèze, T 04 67 43 93 08, www.tourisme-bassindethau.fr.

Le Festival de Thau: Mitte/Ende Juli, www.festivaldethau.com. Open-Air-Konzerte in den Orten rund um den Etang.

Agde 🗺 K/L 13

Agde (25 000 Ew.) zeigt viele Facetten. Landeinwärts am Hérault scharen sich die Häuser im historischen Stadtkern um das schwarze Gemäuer der wehrhaften Kathedrale. Am Cap bestimmen Bettenburgen rund um einen großen Jachthafen das Bild. Beinah rückständisch wirken der Fischereihafen und Badeort Le Grau d'Agde sowie die kleine Siedlung La Tamarissière links und rechts der Hérault-Mündung.

Im kleinen Hafen von Mèze machen Angler und einige professionelle Etang-Fischer ihre Barken fest. Je nach Jahreszeit fangen sie Aal (anguille), Dorade und Seewolf (loup) sowie ihre weniger begehrten Verwandten Meeräsche (muge) und ›saupe‹.

Griechen machten den Anfang

Vor 2500 Jahren gründeten Griechen an der Hérault-Mündung am Fuß des **Mont St-Loup** eine Kolonie namens Agathé Tyché (gutes Glück). Zahlreiche Unterwasserfunde belegen, dass das Glück diesem Handelsstützpunkt tatsächlich wohlgesonnen war. Aufregendster Fund war 1964 die 2300 Jahre alte griechische Bronzestatue eines Jünglings *(ephèbe)*, das Schmuckstück des **Musée de l'Ephèbe** (www.museecapdagde. com, Juni–Sept. tgl. 10–18.30, Okt.–Mai Mo–Fr 10–17.30, Sa, So 10.30–17 Uhr, 6 €) am **Cap d'Agde**. Ansonsten ist die Anfang der 1970er-Jahre entstandene Retortenstadt am Felskap mit großem Hafen, diversen Freizeitparks, Aquarium und Kasino auf leichte Unterhaltung eingestellt. 14 km Sandstrand sowie alle erdenklichen Wassersportangebote runden das Angebot für die ca. 200 000 Sommergäste ab. Für Anhänger der Freikörperkultur wurde gleich nebenan Europas größtes Nudistendorf angelegt.

🏖 Bezahlbar in Strandnähe
L'Ephèbe

Der ›Jüngling‹ ist ein wenig in die Jahre gekommen, unterzieht sich aber nach und nach einer Verjüngungskur. Jedenfalls sind die Preise so nah am Strand unschlagbar, selbst in der Hauptsaison. Dann geht es unten am Quai allerdings bis in die Nacht hinein hoch her. Trotz möglicher Lärmbelästigung sind die Zimmer zum Hérault zu bevorzugen.

12, quai Cdt. Méric, Le Grau d'Agde, T 04 67 21 49 88, www.lephebe.eu, DZ ab 59 €

🍴 An der Hérault-Mündung
L'Ardoise du Marché

Auch wenn die Lage in der dritten Reihe nicht begeistert, werden Sie hier nicht enttäuscht sein. Auf der Tafel stehen je drei Entrées, Hauptgerichte und Desserts zur Wahl, dazu ein vegetarischer Teller. Alles ist frisch, hausgemacht, gut abgeschmeckt und gekonnt angerichtet. Auf der Weinkarte finden sich Tropfen der Region. Ein kompetentes Serviceteam rund um Chef Benjamin Rodriguez rundet das Vergnügen ab.

Übergewicht? Das ist bei den *joutes nautiques,* den südfranzösischen Fischerstechen, kein Makel. Im Gegenteil! Die großen Helden der *tintaine* tragen alle beachtliche Rettungsringe unter ihrem weißen Tenue. Körpereigene, versteht sich. Aber es gehört auch Kraft und Körperbeherrschung dazu, auf schwankender Bohle *(tintaine),* 2 m über dem Wasser das Gleichgewicht zu halten, die 2,80 m lange Lanze zu platzieren und zugleich den Stoß des Gegners mit dem schweren hözernen Schild abzuwehren. In Sète, Frontignan, Balaruc, Mèze, Marseillan, Agde und Palavas können Sie das Spektakel, das besonders groß bei den Wettbewerben in der Kategorie *lourd* ist, von Ende Mai bis Anfang September verfolgen (www.joutes-languedociennes.com).

3 rue Lambert Maurel, Le Grau d'Agde, T 04 30 72 47 11, http://lardoisedumarche.com, tgl. mittags und So abends geöffnet, Menu Bistrot ab 17 €, Menu Ardoise und Découverte 26–45 €

🚤 Mit allen Wassern gewaschen
Agde Croisières

Die größte Vielfalt verspricht die *Expédition Evasion.* Dabei fährt die Millesime den **Hérault** aufwärts bis **Agde,** wo die **Ecluse ronde** den Zugang in den **Canal du Midi** ermöglicht. Auf dem Kanal geht es sodann vorbei an der **Réserve du Bagnas** und der **Pointe des Onglous** bis zu den Austerntischen im **Etang de Thau** (April–Okt., 14 Uhr, 4,5 Std., 21 €). Die **Vulkanküste** und das **Fort Brecou** entdeckt man auf einer Bootstour mit der Azur (April–Okt., 15 Uhr, 1,5 Std., 10 €).

9–11, Quai du Cdt. Méric, Le Grau d'Agde, T 04 67 01 71 93, www.agde-croisiere-peche.com

❶ Infos und Termine
OT: Bulle d'Accueil, 34300 Le Cap d'Agde, T 04 67 01 04 04, www. capdagde.com.

Béziers, Haut-Languedoc, Minervois

Obwohl keine 20 km vom Meer entfernt, orientiert sich Béziers vorzugsweise in Richtung seines weinseligen Hinterlandes. Im 17. Jh. begünstigte der Bau des Canal du Midi den Aufstieg der Stadt zur Metropole des Weinhandels. Landeinwärts liegt das Molière-Städtchen Pézenas, in dessen alten Palais Kunsthandwerker und Trödelläden zum Stöbern einladen. Durch ausgedehnte Rebhügel winden sich Landstraßen hinauf ins Haut-Languedoc, ein Eldorado für Aktivurlauber. Im Minervois bewahren Dörfer die Erinnerung an die Kreuzzüge gegen die Katharer.

Béziers 📖 J 12

Weithin sichtbar auf einem Felssockel über dem Orb und dem Canal du Midi thront die Kathedrale von Béziers. Zentrum dieser typisch südfranzösischen Provinzstadt (74 500 Ew.) sind die breiten Allées Paul Riquet. Ihr Name sowie ein Denkmal erinnern an den berühmten Sohn der Stadt und Erbauer des Canal du Midi. Im dichten Schatten der prächtigen Platanenallee wird geplaudert und flaniert. Zum Bummeln laden auch die verwinkelten Altstadtgassen ein. Jedoch kann die alte Weinkapitale des Languedoc nicht verbergen, dass es um ihre Wirtschaftskraft heutzutage nicht gut bestellt ist.

In den Wirren der Geschichte

Die ursprünglich romanische Kirche **Ste-Madeleine 1** (pl. de la Madeleine, tgl. 10.30–12.30, 16–18 Uhr) bewahrt die schreckliche Erinnerung an das

**K
KREUZZUG**

»Tötet sie alle, denn die Seinen erkennt der Herr!« Mit diesem Schlachtruf vor den Toren Béziers begann 1209 der von Papst Innozenz III. ausgerufene Kreuzzug gegen die Katharer (griech. ›die Reinen‹). Die Mitglieder dieser im Languedoc weit verbreiteten Sekte sahen alle irdischen Dinge als Teufelswerk an und strebten durch strenge Askese und tugendhaften Lebenswandel nach göttlicher Erlösung. Nur allzu willig folgte der französische König dem Aufruf des Papstes zum Kreuzzug, bot er doch die Gelegenheit, die autonomen Grafschaften im Süden seinem Reich einzuverleiben.

Massaker der Kreuzfahrer von 1209, bei dem die Mehrzahl der Einwohner Béziers den Tod fanden.

Auch die ursprünglich romanische **Cathédrale St-Nazaire 2** (pl. des Albigeois, tgl. Juni–Aug. 9–19, Sept.–Mai 9–12, 14.30–17.30 Uhr) wurde von den Kreuzfahrern zerstört. Auf den Ruinen entstand zwischen dem 13. und 15. Jh. ein neues Bauwerk in gotischer Formensprache und mit wuchtigen Türmen. Hübsch ist der **Jardin des Evêques** unterhalb des Kreuzgangs.

Einen detaillierten Überblick über die gesellschaftliche, kulturelle und wirtschaftliche Entwicklung der Stadt und des Umlands geben die Sammlungen des **Musée du Biterrois 3** in den weitläufigen Räumen der ehemaligen Caserne St-Jacques (rampe du 96ème, Di–Sa u. erster So im Monat Juni–Sept. 10–17, Okt.–Mai 10–12, 14–17 Uhr, 3 €). Das Leben von Pierre-Paul Riquet und die Erschaffung des Canal du Midi wird Ihnen bei den **Ecluses von Fonseranes** erzählt (▶ S. 59).

Klein und schnuckelig
Des Poètes 1

Wenn Sie mit dem Zug anreisen, führt der Weg hinauf zur Stadt durch die romantische Parkanlage des Plateau des Poètes geradewegs zu diesem familiären Hotel. Es ist zentral gelegen und dennoch angenehm ruhig. Die 14 Zimmer zeigen ein funktionales, modernes Design. Einige von ihnen wie auch der helle Frühstücksraum öffnen sich zum Park. Autofahrer können einen Garagenstellplatz reservieren.
80, allées Paul Riquet, T 04 67 76 38 66, www.hoteldespoetes.net, DZ ab 60 €, Garage 10 €

Verstecktes Idyll in der Altstadt
Le Patio 1

Lassen Sie sich nicht durch den wenig einladenden Zugang abschrecken. Im Speiseraum und im Patio unter den knorrigen Zweigen eines alten Olivenbaums verwöhnt das Team um Chef Fabrice Pons mit frischer mediterraner Küche. Die Stadt scheint hier meilenweit entfernt zu sein.

BÉZIERS

Sehenswert
1 Ste-Madeleine
2 St-Nazaire
3 Musée du Biterrois

In fremden Betten
1 Des Poètes

Satt & glücklich
1 Le Patio
2 La Maison de Petit Pierre

Stöbern & entdecken
1 Les Halles

Wenn die Nacht beginnt
Le Chameau Ivre

21, rue Française, T 04 67 49 09 45, www.restaurant-patio.fr, Juni–Sept. So mittags geschl., Okt.–Mai So, Mo geschl., Menü 18 € (nur mittags)–30 €

Beim Fernsehkoch
La Maison de Petit Pierre 2
Pierre Augé zählt zu den prominenten Küchengrößen im Biterrois; landesweit wurde er durch die Serie »Top Chef« bekannt. Was aber das Wichtigste ist, er versteht tatsächlich sein Handwerk. Das im Landhausstil eingerichtete Familien-restaurant mit hübschem Innenhof liegt außerhalb des Zentrums bei den Arènes.
22, av. Pierre-Verdier, T 04 67 30 91 85, www.lamaisondepetitpierre.fr, Mo–Mi mittags, Do–So mittags und abends geöffnet, Menü mittags Mo–Fr 17 €/25 €, ansonsten 45 €/75 €, Menü Tapas 35 €

Marktatmosphäre
Les Halles
In der schönen alten Markthalle werden die besten Produkte der Region verkauft und in mehreren Bistros auch zubereitet.

Mit dem Boot über den Berg – **Fonseranes**

In einer mehrstufigen Kaskade ergießt sich der Canal du Midi über die Neuf Ecluses de Fonseranes hinab nach Béziers. Ein geniales Meisterwerk, das Pierre-Paul Riquet seiner Geburtsstadt hinterließ. Für die Freizeitskipper stellt die Wassertreppe eine nicht zu unterschätzende Herausforderung dar. Eine Minikreuzfahrt lädt auch Sie ein, die Passage hautnah zu erleben.

Die Schleusen von Fonseranes, die wie der gesamte Canal du Midi zum UNESCO-Welterbe gehören, empfangen die unzähligen Besucher seit Sommer 2017 mit neuen Zufahrtswegen und ansprechend gestalteten Uferanlagen. Wer früher einmal hier war, wird jedoch das chaotische Gewusel direkt am Schleusenrand vermissen.

Der Traum des Riquet

Die qualitätvoll restaurierte **Maison du Coche d'Eau** 1 dient mit Infopunkt, Ticketschaltern, Boutique und Restaurant **Le 9** 1 den Schleusenbesuchern als erste Anlaufstelle. Versäumen Sie nicht das virtuelle **Spectacle** über den Canal du Midi im ersten Stock: wie Riquet den mächtigen Colbert und den König für seine Idee gewinnt, die Arbeiten auf der gigantischen Baustelle voranschreiten, der Kanal eingeweiht und bis in unsere Tage genutzt wird. Wer kein Französisch versteht, lässt einfach die tollen Bildsequenzen sprechen.

Wieso neun Schleusen?

Gleich gegenüber der Maison du Coche d'Eau startet die **Cap au Sud** 1 ihre Fahrt durch die **Schleusentreppe** 2. 30 Minuten dauert der Vorgang, bei dem 21,5 m Höhenunterschied überwunden werden: Auf Knopfdruck der Schleusenwärter öffnen sich die alten hölzernen Tore, längst muss hier niemand mehr per Hand kurbeln. 700 m³ Wasser schießen pro Kammeröffnung zu Tal.

Von der ehemals siebten Schleusenkammer ging die Fahrt ursprünglich weiter abwärts durch eine achte Kammer in den **Port Notre-Dame** 3.

Wenn Ihnen eine Bootsfahrt nicht zusagt, können Sie den Kanal ab Fonseranes auf dem Treidelpfad an beiden Ufern erkunden – auch mit dem Rad. Der Weg führt über die Pont-canal 4*, mit Blick auf die Stadt und die Kathedrale, vorbei an der* **Ecluse de l'Orb** 6*, der höchsten Kanalschleuse, zum* **Port Neuf** 7*. Neben den Hausbooten liegen hier auch größere Kähne, einige wohl auf Dauer. Bootstouristen und Anwohner treffen sich am Tresen des* **Café du Plaisance** 2 *(1, quai du Port-Neuf, T 04 67 76 15 90) am Ende des Hafens. Auch die Gartenterrasse im Schatten von Bäumen lädt zur Einkehr ein.*

So ruhig ist es an der oberen Zufahrt zu den Neuf Ecluses nur in der Nebensaison. Im Sommer ist Geduld gefragt. Die Anspannung steigt, ist es doch für einige ›Kapitäne‹ das erste Schleusenmanöver.

An dessen Ende regelte eine neunte Schleuse die Zufahrt in den Orb, dessen Bett der Canal du Midi auf einigen hundert Metern teilte. Seit 1858 wird die schwierige Flusspassage mittels der 240 m langen **Pont-canal de l'Orb** 4 umgangen. Die Cap au Sud passiert die steinerne Rinne in 12 m Höhe über dem Fuss, dreht bei und nimmt wieder Kurs auf Fonseranes.

Kurz vor dem Anlegen zweigt Backbord bei der neu gestalteten **Ile des Eclusiers** die Zufahrt zur **Pente d'eau** 5 ab. In dieser hydraulischen Schleuse von 1990 sollten die Boote den Höhenunterschied bei Fonseranes in nur sechs Minuten bewältigen, doch die moderne Technik funktionierte nie störungsfrei und wurde schnell aufgegeben.

INFOS

Site: www.beziers-in-mediterranee.com
Anfahrt: obligatorischer Parkplatz, ab Rond-Point de l'Ecluse (D 609) ausgeschildert, April–Okt. 3 €/Std., max. 12 €; von dort ca. 200 m Fußweg
Cap au Sud 1: T 07 82 09 13 51, https://capausud.eu, Talfahrt Juli, Aug. tgl. 15.15, April–Juni, Sept., Okt., Mo–Fr 13.30, So 15.15 Uhr, Dauer 1.15 Std., Bergfahrt im Anschluss, 13 €, 4–11 J. 8 €. Zeiten variieren!

KULINARISCHES FÜR ZWISCHENDRIN

Für die Bewirtung der Schleusenbesucher sorgt **Le 9** 1 (T 04 67 36 85 64, Menü ab 19 €) in der Maison du Cocho d'Eau, die einen schicken Glasvorbau in Form eines Schiffsbugs mit schönem Blick auf die Schleusen und die Kathedrale erhielt.

Wer ein außergewöhnliches Panorama sucht, erklimmt den Glockenturm der Kathedrale. 169 Stufen, immer im Kreis.

Pl. Sémard, bei Facebook, Di–Sa 7–13.30, So 7–15 Uhr

Große Weinauswahl
Le Chameau Ivre 🍷
Mittags serviert das ›betrunkene Kamel‹ leichte Bistro-Küche, abends macht es vor allem als stimmungsvolle Weinbar seinem Namen Ehre. Der Wein kann glasweise probiert werden. Tapas und Kleinigkeiten sorgen für eine gute Grundlage.
15, pl. Jean-Jaurès, T 04 67 80 20 20, bei Facebook, Di–Sa 10–15, 17.30–1 Uhr

❶ Infos und Termine
OT: Pl. du Forum, 34500 Béziers, T 04 99 41 36 36, www.beziers-in-mediterranee.com.
Aéroport Béziers Cap d'Agde: www.beziers.aeroport.fr. Busse nach Béziers und Agde/Marseillan.
Gare SNCF: 14, bd. de Verdun. Verbindungen nach Montpellier, Narbonne, Perpignan sowie nach Bédarieux.
Gare routière: Pl. de Gaulle, www.herault-transport.fr. Zentraler Halt für Regional- und Stadtbusse.
Soirées divines: Ende Juni–Aug. Do ab 19 Uhr laden die Winzer des Biterrois auf die Allées Paul Riquet zur Weinprobe ein. Dazu gibt es Tapas und ein musikalisches Begleitprogramm.
Feria de Béziers: Vier Tage um den 15. Aug., www.arenes-de-beziers.com. Während der Feria verwandeln sich die Straßen der Stadt in Themendörfer mit Bodegas und Bars. Natürlich finden auch Stierkämpfe in der Arena statt.

IN DER UMGEBUNG

Strandtage
Nur 15 km vom Stadtzentrum entfernt liegen die Badeorte **Portiragnes-Plage** und **Sérignan-Plage** (🗺 K 13). Portiragnes ist auf einer *voie verte* entlang dem Canal du Midi auch gut per Fahrrad zu erreichen. An der Orb-Mündung lädt **Valras-Plage** zu einem Strandtag ein. Von dort ist es nur ein Katzensprung zum neu entstandenen Jachthafen **Port de Chichoulet** links der Aude-Mündung. Er kann noch als Geheimtipp betrachet werden. Über eine schmale Brücke können Sie die Handvoll Häuser von **Cabanes-de-Fleury** (🗺 J 14) am anderen Flussufer erreichen. Ein Ort,

verloren zwischen Marschland, Strand und Meer, zu dem sich hauptsächlich Campingurlauber verirren oder Fans des Gartenrestaurants **Lou Cabanaïre** (www.loucabanaire.com). Die Fischgerichte sind spitze, das Ambiente ist top.

🏠 Landluft schnuppern
Domaine de la Bâtisse
Die Familie Margé empfängt Feriengäste in einem alten Gutshaus, das versteckt in der Natur am Aude-Ufer liegt. Zehn nostalgisch eingerichtete Zimmer in den Farben des Südens stehen zur Auswahl. Ein wenig weiter lädt die Manade Margé u. a. zu Ausritten mit *gardians* und zur Teilnahme an einer *ferrade* ein. 3 km sind es bis zum Strand an der Aude-Mündung.
11560 Fleury d'Aude (ab Béziers D 14 bis Lespignan, dort D 618, vor der Aude-Brücke links), T 04 68 33 77 01, www.la-manade.fr, DZ 70 € inkl. Frühstück

Zeitreise
Das **Oppidum d'Ensérune** (🗺 J 13) auf einem Kalkplateau zwischen den Brachwasserseen südlich von Béziers war vom 6. Jh. v. Chr. bis ins 1. Jh. n. Chr. bewohnt. In römischer Zeit sollen hier mehr als 7000 Menschen gelebt haben. Nehmen Sie sich Zeit, die Ausgrabungsstätte in Ruhe zu durchstreifen. Ensérune ist zugleich ein vortrefflicher Spähposten. Das Panorama umfasst das komplette Languedoc von der Küste aus zu den Cevennen und südwärts zu den Pyrenäen. Ein ungewöhnliches Bild bietet der kreisförmigen **Etang de Montady**, der im 14. Jh. trockengelegt wurde und an eine riesige Torte erinnert.
Der Hügel von Ensérune stellte für die Erbauer des Canal du Midi ein schier unüberwindbares Hindernis dar. Riquet wagte das Risiko und ließ einen 173 m langen Tunnel für die Wasserstraße durch den Fels treiben. Der Zugang zum **Tunnel de Malpas** ist an der Zufahrt zum Oppidum ausgeschildert.
D 162E, Nissan-lez-Ensérune, www.enserune.fr, Mai–Aug. tgl. 10–19, Sept.–April Di–So 10–12.30, 14–18/17.30 Uhr, letzter Einlass 60 Min. vor Schließung 6 €, bis 18 J. frei; weitere Infos im Maison du Malpas, www.ladomitienne.com

Pézenas 🗺 K 11/12

Das Städtchen (7800 Ew.) in den Weinbergen des Hérault-Tals bewahrt eine intakte Altstadt mit einem einmaligen Ensemble prächtiger Stadtpaläste aus dem 17. und 18. Jh. Im Sommer sind die mittelalterlichen Gassen ein beliebtes Ausflugsziel der Strandurlauber.

🏠 Ganz privat
La Dordine
Im ehemaligen Judenviertel haben Véronique und Aurélien in ihrem schmalen Stadthaus aus dem 14. Jh. drei reizende Gästezimmer eingerichtet. Eine steile Treppe führt hinauf zu den Chambres Syrah und Picpoul in der zweiten Etage sowie zu Carignan unterm Dach. Die Namen hat Aurélien gewählt, der auch einen Weinladen betreibt und Ihnen viel über den hiesigen Weinbau erzählen kann. Auf der anderen Straßenseite vermietet das Paar drei Studios.

Wenn in Pézenas gefeiert wird, können Sie einem merkwürdigen Wesen begegnen: ein riesiger Körper, umhüllt von einem blauen Sternentuch, aus dem ein vergleichsweise kleiner hölzerner Pferdekopf hervorlugt. Das Fohlen *(poulain)* reiht sich ein in die bunte Schar der Totemtiere, die bei einigen Dorffesten im Hérault ihr Unwesen treiben. Zu den prominentesten zählen das Kamel *(lo camèl)* von Béziers, der Esel *(âne)* von Gignac oder der Stier *(boeuf)* von Mèze. Unter der Attrappe aus Holz und Stoff mobilisieren ein knappes Dutzend junge Männer das Totemtier. Es begleitet den Festzug, treibt beim Publikum mit klapperndem Maul eine Spende ein und erlaubt sich manchen Schabernack.

Trödeln im Dichter-städtchen – **Pézenas**

Die Gassen von Pézenas muten an wie die Szenerie in einem Historienfilm. In den prächtigen Palais logierten einst die Gouverneure des Languedoc und Molière unterhielt sie mit seiner Theatertruppe. Heute öffnen Kunsthandwerker und Künstler im Sommer ihre Läden und Ateliers in den alten Gemäuern.

Ihre Blütezeit erlebte die ehemalige römische Kolonie *piscenae* und mittelalterliche Tuchhandelsstadt im 16. und 17. Jh., als hier die Generalstände, eine Art Parlament des Languedoc, tagten und die Gouverneure aus den Familien derer von Montmorency-Damville und Bourbon-Conti ihre Residenzen errichteten. Prominenz aus dem gesamten Königreich versammelte sich während der Sitzungsperioden in der Stadt, die sich damals den Titel ›Versailles du Languedoc‹ erwarb.

Die Geburt des Molière

Insbesondere Prince Armand de Bourbon-Conti umgab sich mit großem Hofstaat. Während sich an ihn kaum jemand erinnert, erlangte sein Protegé, der Komödiendichter Jean-Baptiste Poquelin, unter dem Namen Molière Unsterblichkeit. 1650, 1653 und 1656 gastierte er mit seinem Illustre Théâtre in Pézenas. Die Jahre in der Provinz inspirierten Molière zu berühmten Komödien. So trägt der »Don Juan« die Züge des Prince de Conti. Seine Charakterstudien betrieb der Dichter im Barbierladen seines Freundes Gély, dem heutigen **Musée Boby-Lapointe** 1, an der Place Gambetta. Hier hatte er freie Sicht auf die **Maison Consulaire** 2, das städtische Machtzentrum und Tagungsort der Generalstände. Den Sessel, in dem Molière bei Gély zu sitzen pflegte, und andere Requisiten zeigt das **Musée Vulliod-St-Germain** 3, das auch Einblicke in die Wohnverhältnisse des 16.–18. Jh. gibt.

Die Kunst des Handwerks

Mit wieviel Kunstsinn in damaliger Zeit gebaut wurde, zeigt manches Haus in der verwinkelten

An der sogenannten **Route des Antiquaires** 🔒 *(D 913) laden alle paar Schritte Trödel- und Antiquitätenläden (brocantes) zum Stöbern ein. Am ersten Sonntag im Mai sowie am zweiten Sonntag im Oktober verwandeln ca. 150 Aussteller die Durchgangsstraße in einen riesigen Antiquitätenmarkt (www.antiquaires-pezenas.com).*

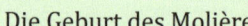

*Bei einer Führung öffnen sich die Türen zu versteckten Innenhöfen. Das **Hôtel de Lacoste** 4 (Rue Oustrin), eine repräsentative Architektur des frühen 16. Jh., beeindruckt mit steinernem Treppenhaus und gotischen Gewölben.*

Altstadt. Lassen Sie die Augen schweifen, um von Steinmetzen meisterlich gearbeitete Türgewände und Fensterkreuze, Friese und Gesimse zu entdecken. Kunstvolle Schreinerarbeiten bewahrt das **Musée de la Porte** 5 mit seiner Sammlung historischer Türen. Heutzutage halten an die 40 Werkstätten das handwerkliche Erbe in Pézenas lebendig. Die meisten Handwerker lassen sich bei der Arbeit über die Schulter schauen. Als ein Schaufenster aller dient die **Maison des Métiers d'Art** 2 im ehemaligen Konsulhaus an der Place Gambetta.

INFOS/ÖFFNUNGSZEITEN

Maison des Métiers d'Art (Maison Consulaire) 2: 6, Place Gambetta, www.ateliersdart.com (Stichwort: Réseau de vente), April–Dez. Di–Sa 10–18 Uhr, Juli, Aug. erweiterte Öffnungszeiten
Musée de Vulliod-St-Germain 3: 3, rue A.-P.-Alliès, Mitte April–Sept. Di, Mi, Fr, Sa 10–12, Di–So 15–19, Mitte Feb.–Mitte April, Okt.–Mitte Nov. Di, Mi, Fr, Sa 10–12, 14–17 Uhr, 3 €
Musée de la Porte 5: 5, rue Montmorency, Di–So 10–12, 14–17 Uhr (leider öfters verschlossene Tür)

KULINARISCHES FÜR ZWISCHENDRIN

In der einfachen **Brasserie Chez Hansi** 1 (6, rue Anatole France, So geschl., mittags um 15 €), ein paar Schritte vom Cours Jean Jaurès entfernt, stehen Alltagsgerichte auf der Tafel, die gar nicht mehr so alltäglich sind – z. B. Wachteln, Kaninchen oder Schweinebäckchen.

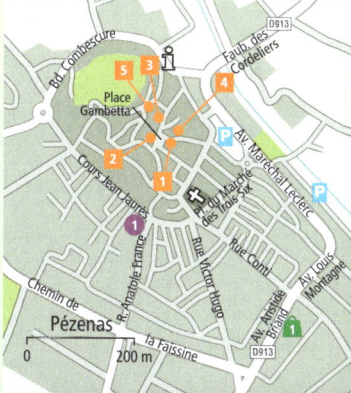

9, rue des Litanies, T 04 67 90 34 81, www.
ladordine.com, 55–70 € inkl. Frühstück; gîte
319–439 €/Woche, in der Hochsaison nur wo-
chenweise Vermietung, sonst ab zwei Nächten

🟣 Typisch Midi
Les Maronniers
An der Straße der Trödelläden liegt die
Terrasse des Lokals unter Kastanienbäu-
men. Innen laden ein Schankraum mit
allerlei Nippes und Plakaten an den Wän-
den, eine Veranda und ein Nebenraum
mit schönen Bodenfliesen zum geselligen
Aufenthalt ein. Auf den Tisch kommt
französische Landküche, am Wochenende
werden abends Tapas serviert.
6, av.e de Verdun, T 04 67 90 13 80, bei Facebook, Di–Sa 11.45–14, Fr, Sa.19.45–22.30 Uhr,
Menü ab 18,50 €, Tapas-Teller ab 5 €

🔴 Infos und Termine
OT: Hôtel de Peyrat, pl. des Etats du
Languedoc, 34120 Pézenas, T 04 67 98
36 40, www.pezenas-tourisme.fr. Hier
informiert eine Ausstellung des **Centre
d'Interprétation de l'Architecture
et du Patrimoine (CIAP)** über das
architektonische und kulturelle Erbe von
Pézenas und seines Umlands.
Mirondela dels Arts: Juli/Aug., www.
mirondeladelsarts.com, Theater, Konzerte, Ausstellungen, Animation in den
Straßen der Altstadt.

Roquebrun 🗺 H 11

**Das hübsche Dorf bildet ein Tor
zum Parc Naturel Régional du
Haut-Languedoc. Von der Brücke
über den Orb klettern die aus
Naturstein gebauten Häuser bis
zur Ruine eines mittelalterlichen
Burgturms empor. Weinliebhaber
schätzen die renommierte Cave,
Aktive die Kajakstation und die
Wanderwege.**

Le Petit Nice de l'Hérault
Seinem milden Mikroklima verdankt Roquebrun den Vergleich mit Nizza. Wie an
der Côte d'Azur blühen hier im Februar
die Mimosen. Im **Jardin Méditerranéen**
(www.jardin-mediterraneen.fr, Juli, Aug.

tgl. 9–19, Feb.–Juni, Sept.–Nov., Mo–Fr
10–12.30, 14–17.30, So 14–17.30 Uhr,
5 €) unter dem Burgturm gedeihen Kak-
teen und andere exotische Pflanzen.

🏠 Für einen längeren Aufenthalt
Manoir la Trivalle
Die Niederländer Bert und Henny haben
am Fuß der Gorges d'Héric ihren Traum
vom Landleben im Midi verwirklicht und
lassen ihre Gäste daran teilhaben. Das
Haus ist hübsch eingerichtet, das Essen
am Abend immer mit größter Sorgfalt
zubereitet und köstlich.
Rte. des Gorges d'Heric, Mons-la-Trivalle, T 04
67 97 85 56, www.monslatrivalle.com, DZ inkl.
Frühstück 70 €/80 € (eigenes Bad), 65 €/75 €
(Gemeinschaftsbad), gîte für 2–4 Pers. 400–700
€/Woche, table d'hôte 29 €

🟣 Logenplatz am Orb
Le Petit Nice
Auf der Terrasse über dem Fluss
schmecken Omelette, Salat oder Pizza
nochmal so gut. Jean Christophe Aragon
bereitet zudem schmackhaft die Klassiker der Region zu, etwa geschmortes
Kaninchen oder Forelle aus dem Jaur.
11, av. du Roc de l'Estang, Roquebrun, T 04 67 89
64 27, tgl. ab 10 Uhr geöffnet, Menü ab 20,50 €

🔵 Wege durch die Orb-Schlucht
Sehr zu empfehlen ist eine **Paddeltour**
durch die Gorges de l'Orb. Keine
Angst, der Parcours folgt der Strömung
flussabwärts! **Canoë Roquebrun**
(Chemin de Laroque, T 04 67 89 52
90, www.canoeroquebrun.com) bringt
Sie samt Ausrüstung zum Startpunkt in
Tarrassac (15 km, 5 Std.), Vieussan (10
km, 3 Std.) oder Ceps (5 km, 1,5 Std.).
Radfahrer mit ein wenig Kondition
begeben sich von Roquebrun aus auf eine
Rundtour über Berlou, Escagnès, Vieussan
und durch die Gorges de l'Orb. Achtung,
nach dem Aussichtspunkt mit Blick zurück
auf Roquebrun in der Abfahrt rechts
die kleine Straße nach Berlou (keine
Schilder!) durch die Weinhügel nicht
verpassen (ca. 30 km, 3 Std.).
Wanderer folgen ab Ceps auf dem
Circuit l'Ayrolle der Orb-Schlucht (Rundweg, 10 km, 3,5 Std.).

Grün ist die vorherrschende Farbe an Orb und Jaur. Unten in den Tälern das frische Hellgrün des Weinlaubs, in den Hügeln das dunkle Graugrün der Garrigue.

ⓘ Infos
OT: Av. de la Gare, 34390 Mons-la-Trivalle, T 04 67 97 06 65, www.minervois-caroux.com. Hier erhalten Sie auch Wanderbeschreibungen *(fiches rando)*.

IN DER UMGEBUNG

Traumziel für Naturfreunde
1973 wurde der **Parc Naturel Régional du Haut-Languedoc** (◫ D–H 10/11) geschaffen, der das Caroux, die Monts de l'Espinouse, die Monts de Lacaune und einen Teil der Montagne Noire umfasst. Die waldreiche Bergregion ist ein einmaliges Erholungsgebiet. Die mediterran geprägten Täler von Orb und Jaur am Südrand des Schutzgebietes können Aktive auf dem **Passa Païs** (▶ S. 66) erkunden. Gegen Norden steigen die Bergmassive auf über 1000 m an, die immergrüne Garrigue überlässt nach und nach Kastanienhainen, Nadelgehölzern, Ginster und Heide den Platz. Zahlreiche Bäche stürzen sich durch grandiose Felsschluchten ins Tal. Einen wunderbaren Überblick verschafft die **Table d'Orientation** auf dem **Caroux** (1091 m). Vom Bergnest **Douch** (◫ H 10) führt ein Rundweg dorthin (8 km, ca. 3 Std.).

Minerve ◫ F 12

In Minerve, das malerisch auf einem Felsrücken am Zusammenfluss von Cesse und Brian liegt, wurde eines der düstersten Kapitel der Geschichte des Languedoc geschrieben. 1209 brannten hier nach wochenlanger Belagerung 200 Katharer auf dem Scheiterhaufen.

🍴 Einkehr mit Aussicht
Relais Chantovent
Die Plätze auf der Restaurantterrasse, die über der Brian-Schlucht schwebt, sind immer schnell besetzt. Kein Wunder bei diesem Panorama! Angenehm ist aber auch der helle und modern eingerichtete Speisesaal des alten Dorfhauses. Auf dem Teller überzeugt eine frische Bistro-Küche mit regionalen Produkten. Fünf hübsche Zimmer stehen im Haus gegenüber für Übernachtungsgäste bereit. Es lohnt, die Halbpension zu wählen (65 €/Pers.).
17, Grand Rue, T 04 68 91 14 18, www.relais chantovent-minerve.fr, So abends, Di, Mi geschl., Menü 29–62 €, DZ 53 €, mit Garage

ⓘ Infos
OT: 9, rue des Martyrs, Minerve, T 04 67 97 06 65, www.minervois-caroux.com.

Grüner Weg durchs Haut-Languedoc – **Passa Païs**

 # 8

Auf dem Passa Païs, einer früheren Bahnstrecke, können Sie vom mediterranen Midi bis ins Pyrenäenvorland radeln und einen Eindruck von der landschaftlichen Vielfalt des Haut-Languedoc gewinnen. Die fast ebene Strecke stellt kaum Ansprüche an die Kondition. Aber werden Sie nicht übermütig! Zurück geht's auch per Rad.

Die Bahnlinie Mazamet–Bédarieux eröffnete den Bauern im oberen Languedoc Ende des 19. Jh. den Zugang zu den Märkten und brachte ihnen bescheidenen Wohlstand. 1972 beförderte die Micheline, ein roter Schienenbus, zum letzten Mal Passagiere. 15 Jahre später wurde auch der Frachtverkehr eingestellt. Als *voie verte* erlebt die Trasse heute eine Renaissance. Die ›Räder‹ rollen wieder!

Obwohl die Population der **Mufflons,** *die 1956 im Caroux-Massiv ausgewildert wurden, heute auf etwa 1000 Tiere angewachsen ist, werden sie kaum den Weg der Radfahrer auf dem Passa Païs kreuzen. Außer in Olargues! Hier schmückt das Emblemtier des Caroux die Rückseite des Bushaltehäuschens.*

Am Fuß des Caroux

In **Mons-la-Trivalle** ❶ können Sie bei Bedarf ein Rad ausleihen. Von hier ist die Strecke Richtung Osten durch das Tal des Orb am abwechslungsreichsten. Gleich zu Anfang quert die Piste die spektakuläre Felskulisse der **Gorges d'Héric** ❷. Die Gumpen der Schlucht sind im Sommer beliebte Badeplätze, ein Wanderweg steigt hoch ins Caroux. Unten im Tal schlängelt sich der Orb auf die Brücke von **Tarrassac** ❸ zu, dem Startpunkt von Kajaktou-

Der Passa Païs ist etwas für jedes Alter. Bei max. 4 % Steigung rollt das Rad fast von alleine. Zudem ist die Piste frei von motorisiertem Verkehr, E-Bikes ausgenommen.

ren flussabwärts. Auch die **Gorges de Colombières** ④ sind das Ziel von Wanderern. Ein Stopp bietet sich an im Kurort **Lamalou-les-Bains** ❶, der noch das Flair des alten Frankreichs ausstrahlt. Bevor Sie sich auf den Rückweg machen, erinnert in **Hérépian** ❷ ein Museum an die Glockengießerei des Ortes.

Unter grünem Gewölbe

Von Mons Richtung Westen folgt der Passa Païs dem Lauf des Jaur talaufwärts. Schon bald ist **Olargues** ❸ erreicht, das auf einem Felskegel über dem Fluss thront, und gleich zwei Postkartenansichten zeigt: im Osten die rot lackierte, eiserne Pont Type d' Eiffel (1889), im Westen die steinerne Pont du Diable (12. Jh.). Den i-Punkt setzt oben auf der Spitze des Felsens der zum Glockenturm umfunktionierte mittelalterliche Burgturm.

Kurz hinter Olargues weist ein Schild den Weg zur **Source du Fréjo** ❺ (5 Min. Fußweg), wo Sie unter einem Wasserfall in den Jaur eintauchen können. Den **Viaduc de Julio** ④ umgeht der Passa Païs in einer ›Bergetappe‹. Hier heißt es: absteigen und schieben. Bei St-Etienne-d'Albagnon, Prémian und Riols führt die Piste am oberen Dorfrand vorbei. Der Abzweig zum ehemaligen Bischofssitz **St-Pons-de-Thomières** ❺, wo ein archäologisches Museum und die Quelle des Jaur einen Abstecher lohnen, ist leicht zu verpassen. Wer noch genügend Kondition hat, fährt 6 km weiter bis fast an die Grenze des Départements nach **Courniou** ❻. Dort gewährt die **Grotte de la Devèze** Zugang zu den unterirdischen Zauberwelten des Haut-Languedoc.

INFOS/ÖFFNUNGSZEITEN

Zeitplanung: je nach Strecke 1/2–1 Tag
Enfernungen: Mazamet–Courniou 33 km; Courniou–Mons 26 km, Mons–Hérépian 13 km
Internet: www.france velotourisme.com
Leihräder ❶: Tankstelle, D 908, Mons-la-Trivalle, T 04 67 97 64 42, http://velo-caroux.fr

KULINARISCHES FÜR ZWISCHENDRIN

Am Passa Païs öffnen im Sommer diverse Gartenlokale. Achten Sie auf die Schilder! Nicht zu verfehlen ist die **Auberge du Caroux** ❶ (T 04 67 97 72 12) in Mons-la-Trivalle. Hier muss jeder vorbei, der auf der Piste unterwegs ist oder in die Gorges d'Héric will. Während der Saison stärkt **La Lampisterie** ❷ am alten Bahnhof in Olargues mit ofenfrischen Pizzas.

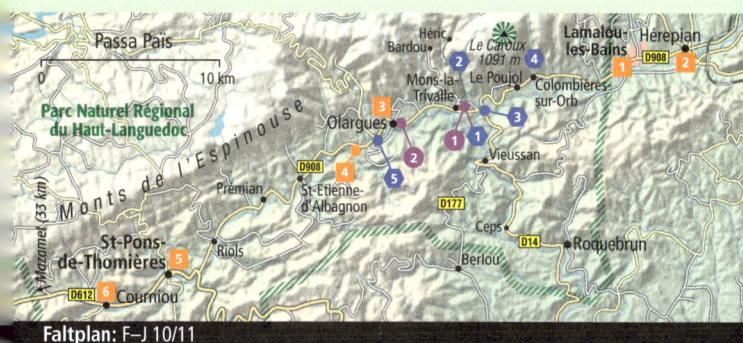

Faltplan: F–J 10/11

Carcassonne, Narbonne, Pays Cathare

Für die einen ist Carcassonne das Idealbild einer mittelalterlichen Festungsstadt, für die anderen nur das Hirngespinst eines Romantikers. Narbonne präsentiert sich als reizendes Provinzstadt mit gewaltiger Kathedrale und Bischofspalast. Nicht weit ist es zum Meer, wo neben Fischer- und Winzerdörfern wie Gruissan und Leucate neue Ferienzentren entstanden. Landeinwärts in den Corbières sind auf schwindelerregendem Fels die Überreste der Katharer-Burgen auszumachen.

Carcassonne ⌕ D 13

Die Präfektur des Département Aude (46 000 Ew.) ist eine geteilte Stadt: unten die jüngere Ville Basse – oben die Cité. Tausende Menschen aus aller Welt besuchen täglich die Festungsanlage, die 1997 ins UNESCO-Welterbe aufgenommen wurde.

Schachmatt

Abseits des Touristenrummels bewahrt die **Ville Basse** die beschauliche Atmosphäre einer südfranzösischen Kleinstadt. Kern der Unterstadt ist die **Bastide St-Louis**, die 1247 auf schachbrettartigem Grundriss angelegt wurde, als die Zivilbevölkerung von den Militärs Ludwigs XI. aus der Cité verwiesen wurde. Lebhaft geht es in der Bastide beim Wochenmarkt (Di, Do, Sa 7–13 Uhr) auf der zentralen **Place Carnot** zu. Lebhaftes Treiben herrscht in der Saison auch am **Bootshafen am Canal du Midi**. Das Gros der Touristen aber drängt sich in den Gassen der **Cité** (**1** – **6** ▶ S. 72).

Bett und Tisch
bloc G **1**

Mit minimalistischer, ja karger Einrichtung in Grau und Weiß setzt sich das ›Gästehaus‹ im Trivalle-Viertel mit nur fünf Zimmern und angeschlossenem Restaurant deutlich vom üblichen Carcassonne-Klischee ab.

112, rue Barbacane, T 04 68 47 58 20, www. bloc-g.com, DZ ab 80 €

Heimelige Atmosphäre
La Maison sur la Colline **2**

Delphine und Nicole empfangen Feriengäste in ihrem zauberhaften Haus in den Hügeln oberhalb der Cité wie Familienmitglieder. Fünf nostalgisch eingerichtete *chambres d'hôtes* sowie ein Garten mit Pool laden zum Wohlfühlen ein. Abends werden die Gäste auf Wunsch an der *table d'hôtes* verköstigt.

Chemin de Ste-Croix, T 04 68 47 57 94, www. lamaisonsurlacolline.com, DZ ab 95 € inkl. Frühstück, table d'hôte 30 €, auf Reservierung

Cassoulet muss sein
Auberge des Lices **1**

Trotz der Lage im touristischen Zentrum stimmen hier die Qualität der Speisen und der gepflegte Rahmen. Mittags wie abends wird ein Eingangsmenü zu moderatem Preis angeboten. Spezialität des Chefs sind *cassoulet* und in Honig karamelisiertes Milchschwein.

3, rue Raymond-Roger-Trencavel, T 04 68 72 34 07, www.aubergedeslices.com, Sept.–Juni Di u. Mi geschl., Menü ab 23 €

Bei Kerzenschein
Au Jardin de la Tour **2**

Welch eine Überraschung ist die große, lauschige Terrasse des Restaurants, die von der Mauer des Château Comtal begrenzt wird. Im Sommer können Sie hier unter Bäumen romantisch dinieren. Wenn's ungemütlich wird, sitzen die Gäste drinnen in geselliger Runde.

11, rue Porte-d'Aude, T 04 68 25 71 24, So 12–14, Mi–Sa ab 18 Uhr, Menü ab 22 €

❶ Infos und Termine

OT: 28, rue de Verdun, 11890 Carcassonne, T 04 68 10 24 30, www. tourisme-carcassonne.fr. Nebenstelle in der Porte Narbonnaise.
Aéroport de Carcassonne: Salvaza, www.aeroport-carcassonne.com. Zubringerbusse ins Stadtzentrum.
Gare SNCF: 1, av. du Maréchal Joffre. Verbindungen mit Narbonne, Castelnaudary, Limoux, Quillan.
Embrasement de la Cité: Mit Spannung erwarten am Aude-Ufer an die 700 000 Zuschauer das Feuerwerk am Abend des 14. Juli. Es ist der Höhepunkt des Festival de la Cité (www.festivalde carcassonne.fr), das von Mitte Juni bis Mitte August mit etwa 120 Kulturveranstaltungen unterhält.

IN DER UMGEBUNG

Karneval im Midi

Im Schatten von Platanen erreichen Sie 25 km Aude-aufwärts über die D 118 **Limoux** (⌕ C 15), das durch seinen traditionellen *carnaval* und den

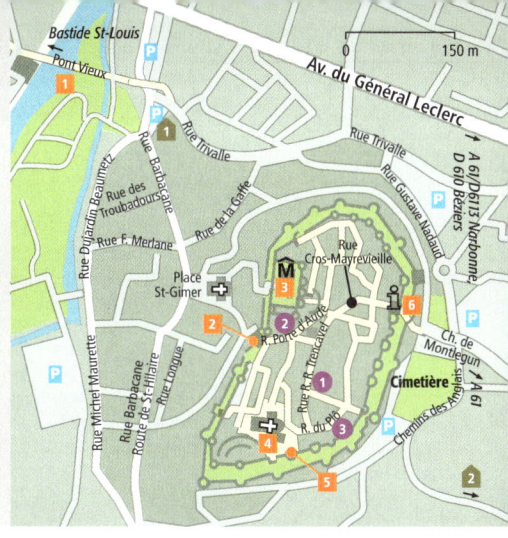

CARCASSONNE

Sehenswert

1 Pont Vieux
2 Porte d'Aude
3 Château Comtal
4 St-Nazaire
5 Porte St-Nazaire
6 Porte Narbonnaise

In fremden Betten

1 bloc G
2 La Maison sur la Colline

Satt & glücklich

1 Auberge des Lices
2 Au Jardin de la Tour
3 Le Bar à Vins

Schaumwein **Blanquette de Limoux** Bekanntheit erlangte. Früher als in der Champagne soll ein Mönch der nahen Abbaye St-Hilaire die Flaschengärung des Schaumweins entwickelt haben. Zur Kellereibesichtigung lädt **Sieur d'Arques** ein (av. du Mauzac, www. sieurdarques.com, Mo–Sa 9.30–12.30, 14–18.30 Uhr).

Im dunklen Wald

Carcassonne bietet sich an als Ausgangspunkt für eine Fahrt in die wald- und quellenreiche **Montagne Noire** an, die im 1211 m hohen **Pic de Nore** gipfelt. An den Ausläufern des Mittelgebirges liegt der alte Tuchmacherort **Montoliu** (⚏ C 13; www. montolieu-livre.fr) – über einem Dutzend Buchläden und regelmäßigen Buchmärkten ein Eldorado für Bibliophile. Im 8 km entfernten **Brousses et Villaret** (⚏ D 12) ist eine Papiermühle aus dem 18. Jh. in Betrieb. Ganzjährig finden Führungen statt, die in die Kunst des Papierschöpfens einweihen (T 04 68 26 67 43, www.moulinapapier.com). Über dem wilden Tal des Orbiel thronen die **Châteaux de Lastours** (⚏ D 12/13; D 101, www.chateauxdelastours. fr, Juli, Aug. tgl. 9–20, April–Juni, Sept.–Mitte Nov. tgl. 10–17/18, Mitte Nov.–Dez, Feb., März Sa, So 10–17 Uhr, 8 €, 6–15 J. 3,50 €). Vergeblich

versuchte Simon de Montfort 1210 die Festungsanlage, die aus den vier Burgen **Cabaret, Tour Régine, Surdespine** und **Quertineux** bestand, einzunehmen. Vom Fluss führt ein ca. 1,5-stündiger Rundweg zu den Ruinen.

Wer macht den besten Eintopf? Carcassonne wie auch **Castelnaudary** (⚏ B 13), 40 km westlich am Canal du Midi, beanspruchen Erfinder des *cassoulet* zu sein und beide preisen ihr Rezept als das einzig wahre und beste. In die *cassole*, den rostbraunen irdenen Topf, gehören in jedem Fall weiße Bohnen, Speckschwarte und Knoblauch, die durch Gänse- oder Entenconfit, Schweinefleisch und Würste gehaltvoll ergänzt werden. Das Ganze muss dann in Gänseschmalz über Stunden köcheln. Den Tontopf ebenso wie Konserven mit dem deftigen Eintopf verkauft **La Ferme du Pays D'Oc** in Castelnaudary (38, cours de la République, http://lafermedupays doc.com/ Mo–Sa 9–12, 15–19, So 9–12 Uhr).

 # 9

F
FINTE

Als **Karl der Große** die Festung belagerte, täuschte die maurische Burgherrin **Carcas** vor, weiterhin im Überfluss zu leben. Dazu wurde das letzte Schwein gemästet und über die Burgmauer geworfen. Die Finte glückte, die Belagerer zogen ab. Aus Freude ließ Carcas die Glocken läuten *(sonner)*. Die Büste der Burgherrin findet sich neben der Porte Narbonnaise.

Ob der Falkner der Trencavels wohl mit seinem Double einverstanden wäre?

Märchenhaft – **La Cité de Carcassonne**

Genau so erträumen wir uns eine mittelalterliche Festung: ein mächtiger Mauerring, gespickt mit unzähligen großen und kleinen Türmen. Doch lassen Sie sich nicht täuschen! Eugène Viollet-le-Duc rettete die Cité zwar vor dem Verfall, drückte dem Ensemble aber seinen eigenen, romantisch idealisierten Stempel auf.

Am besten ›erstürmen‹ Sie die Cité von der Flussseite aus. Auf dem etwa 15-minütigen Fußweg von der Bastide über die steinernen Bögen des **Pont Vieux** 1 (14. Jh.) und die Rue Barbacane hinauf zur **Porte d'Aude** 2 ergeben sich zauberhafte Perspektiven auf die mächtige Festung, deren Anfänge weit in die Geschichte zurückreichen.

Zeitreise

Der Felssporn über dem Aude-Ufer ist seit dem 6. Jh. v. Chr. besiedelt, bereits die Römer schützen das Oppidum im 3./4. Jh. mit einer Mauer. In den folgenden Zeiten bemächtigen sich Westgoten, Araber und Franken der Siedlung. Die einflussreichen Vizegrafen von Trencavel errichten im 12. Jh. eine Burg. Aber im heißen Sommer 1209 muss sich Raymond-Roger de Trencavel, ein Sympathisant der Katharer, nach nur wenigen Tagen Belagerung dem von Simon de Montfort angeführten Heer der nordfranzösischen Kreuzfahrer ergeben.

Die französischen Könige machen Carcassonne schließlich zu einem wichtigen Bollwerk an der Südgrenze ihres Reiches. Mit dem Pyrenäenfrieden 1659 aber versinkt die größte mittelalterliche Festung Europas in der Bedeutungslosigkeit. Ab 1853 wird die einzigartige Anlage unter der Ägide von Viollet-le-Duc restauriert.

Eine kurzweilige Zusammenfassung der komplizierten Baugeschichte liefert ein Film im **Château Comtal** 3, der Burg der Trencavel. Stumme Zeugen der Historie von Carcassonne sind die Fundstücke im **Musée Lapidaire** in der Burg. Von den Wehrgängen fällt der Blick auf die 52 Türme der Festung sowie hinab auf Dächer, Gärten und Gassen der Cité.

Ein Schloss für Dornröschen und Schneewittchen: Walt Disney wählte es als Vorlage für seine Zeichnungen. Seither wurden die historischen Mauern oft als Drehort genutzt.

► **LESESTOFF**

Die englische Autorin Kate Mosse, die im Barbacane-Viertel ein Ferienhaus besitzt, inspirierte die Aussicht auf die Festung zu ihrem spannenden Mittelalterroman **Das verlorene Labyrinth**.

Trubel und Stille

Vor dem Château brodelt es im Sommer von Touristen. Ruhiger ist es rund um die **Basilika St-Nazaire** 4. Während das romanische Langhaus (11. Jh.) der Kirche im Halbdunkel liegt, sind der gotische Chor und das Querschiff (13./14. Jh.) in farbiges Licht getaucht, das durch die herrlichen Glasfenster fällt.

Die **Porte St-Nazaire** 5 ermöglicht den Zugang zu den Lices, dem Brachland zwischen den beiden insgesamt 3 km langen Mauerringen. Die **Lices Hautes** erstrecken sich von hier bis zur **Porte Narbonnaise** 6, die mit zwei wuchtigen Türmen den Hauptzugang der Cité sicherte. Jenseits des Tors setzt sich der Spazierweg in den **Lices Basses** bis zur Porte d'Aude fort. Dabei lässt sich die Entwicklung der Festungsarchitektur seit römischer Zeit nachvollziehen.

Wer großes Gedränge nicht scheut, stürzt sich ins Menschengewusel an der **Rue Cros Mayrevieille**, wo Souvenirshops mit Mittelalter-Devotionalien und Ritter-Accessoires um die Gunst der Käufer buhlen. Erst wenn die Läden schließen, kann die kopfsteingepflasterte Gasse, die von schönen Fassaden gesäumt ist, ihren Charme entfalten. Überhaupt sollten Sie den Besuch der Cité in den Abend hinein ausdehnen, wenn das Gros der Touristen abgereist ist und die alten Mauern illuminiert werden.

INFOS/ÖFFNUNGSZEITEN
Parkplätze: kostenpflichtig außerhalb der Cité. Im Sommer überfüllt!
Château Comtal/ Remparts 3: www.remparts-carcassonne.fr, tgl. April–Sept. 10–18.30, Okt.–März 9.30–17 Uhr, 9 €, bis 25 J. frei; ca. zweistündige Führung 12,50 €
St-Nazaire 4: Mo–Sa April–Okt. 8–20, Nov.–März 9–18, So ganzjährig 8–10.30, 12.30–18 Uhr

KULINARISCHES FÜR ZWISCHENDRIN
Die Gartenterrasse der **Bar à Vins** 3 (6, rue du Plô, https://lebaravins.fr, im Sommer tgl. 9–2 Uhr, im Winter Di geschl., ab 12 €) ist perfekt für eine Pause. Es gibt herzhafte Kleinigkeiten, Süßes, Wein und oft Livemusik.

Canal du Midi

🗺 F–G 13

Seit dem 24. Mai 1681 verbindet die Wasserstraße Atlantik und Mittelmeer. 14 Jahre dauerte der Bau der 240 km langen Rinne samt Treidelpfaden, Raststationen für Passagiere und Pferde, 130 Brücken, 63 Schleusen, 50 Aquädukten und einem Tunnel. Der schönste Abschnitt liegt zwischen dem großen Kanalhafen Homps und der alten Postschiffstation Le Somail – mit buckliger Eselsbrücke das Postkartenmotiv par excellence. Aber auch diese Strecke hat an Reiz eingebüßt, seit die Platanen am Kanalufer gefällt wurden. Lange wird es brauchen, bis die neu angepflanzten Bäume wieder ein grünes Gewölbe über der Wasserstraße bilden. Amüsant ist ein Halt an der Doppelschleuse de l'Aiguille bei Puichéric, an der die Figuren eines Blechkünstlers ihr Unwesen treiben.

🏠 Sonnengelbe Herberge
La Bastide Cabezac
Die ehemalige Poststation in Cabezac (🗺 G 13), wenige Kilometer nördlich von Le Somail, empfiehlt sich mit behaglicher Interieur, eleganten Zimmern, guter Küche, Pool und Garten auch als Quartier für mehrere Tage.
Hameau de Cabezac, Bize-Minervois, T 04 68 46 66 10, www.hotel-bastidecabezac.fr, DZ ab 72 €, Juli–Sept. ab 102 €; Restaurant Di–So mittags geöffnet, *formule* mittags ab 18 €, Menü 24 €

🍴 Terrasse am Kanalufer
Le Comptoir Nature
Bei einem herzhaften Happen und einem Gläschen Landwein am Kanalufer sitzen und die Anlegemanöver der Boote verfolgen – das ist Urlaub im Midi wie aus dem Bilderbuch. Nachmittags erfrischt ein Eis die Gäste. Im Sommer unterhalten mittwochabends Jazz-Konzerte, und freitagabends Gitarrenspiel und Chansons.

1, chemin de Halage, Le Somail, T 04 68 46 01 61, http://comptoirnature.free.fr, Ende März–Nov. tgl. ab 12 Uhr, *formule* mittags 15 €, vegetarisches Menü 17 €, ansonsten ab 26 €

📚 Leseratten am Kanalufer
La librairie ancienne du Somail
Ein ›Must‹ für Bücherfreunde ist der Besuch des Buchantiquariats und -ladens. In einem ehemaligen Weinkeller mit umlaufenden, deckenhohen Holzregalen hat Familie Gourgues über 50 000 Bücher zusammengetragen. Nichts, was es hier nicht gibt – oder zu besorgen ist.
28, allée de la Glacière, Le Somail, www. le-trouve-tout-du-livre.fr, April–Mitte Nov. 9–12, 14.30–17.30 Uhr, Dez.–März 14.30–17.30 Uhr

🛒 In der Ölmühle
L'Oulibo
Neben Oliven, Olivenölen und allen erdenklichen Derivaten stehen in der Boutique der Ölmühle von Cabezac (🗺 G 13) auch Weine, Konfitüren und Honig zur Wahl. Als Speiseolive zum Apéro ist die sichelförmige grüne Lucques besonders delikat, aber auch am teuersten. Führungen informieren über den Anbau von Oliven und die Ölherstellung.
Hameau de Cabezac, Bize-Minervois, http:// www.oulibo.com, Juli, Aug. 8–20, Sept.–Juni 8–12, 14–18/18.30, Sa ab 9, So ab 10 Uhr

🚲 Kanalimpressionen
Mellow Vélos
Eine Reise im Hausboot über den Canal du Midi will geplant sein und dauert mindestens eine Woche, eine Radtour auf den Treidelpfaden am Ufer können Sie spontan unternehmen. Vince und Sandra beraten Sie gerne bei der Streckenplanung, wissen genau, welche Abschnitte wegen Baumarbeiten ggf. gesperrt sind, vermitteln auch eine Unterkunft.
Rte. Neuve, Paraza, T 06 50 50 01 49, www. mellowvelos.com. Ende März–Mitte Okt. Fr–Mi 8–18 Uhr, Radverleih, Abhol- bzw. Zustellservice

Narbonne 🗺 H 14

Stolz reckt sich die Kathedrale über die Dächer Narbonnes und erinnert an die einstige Größe

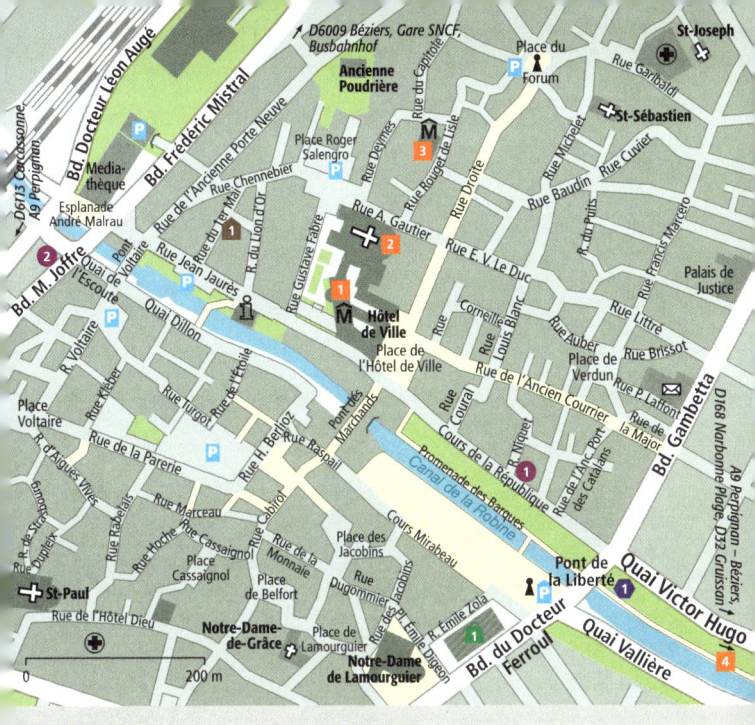

NARBONNE

Sehenswert
1 Palais des Archevêques
2 Cathédrale
3 Horreum
4 Musée Narbo Via

In fremden Betten
1 Hôtel la Résidence

Satt & glücklich
1 En Face
2 Le Petit Comptoir

Stöbern & entdecken
1 Les Halles

Sport & Aktivitäten
1 Languedoc VTT Evasion

des schmucken Provinzstädtchens (48 000 Ew.). Nur wenige Schritte vom alten Machtbezirk der Bischöfe entfernt fließt der Canal de la Robine mitten durchs Centre Ville, von schönen Uferpromenaden vorteilhaft in Szene gesetzt. Hier liegen auch die sehenswerten Halles, wo donnerstags und sonntags der Wochenmarkt stattfindet.

Die Bischofsstadt
Der Rathausplatz wird vom verschachtelten **Palais des Archevêques** 1 beherrscht. Er setzt sich aus Baukörpern verschiedener Epochen zusammen: dem romanischen **Palais Vieux** (12. Jh.) und dem **Palais Neuf** (16./17. Jh.), dem trutzigen **Tour de la Madeleine** und dem **Tour St-Martial** (13./14. Jh.), dem **Hôtel de Ville** im neogotischen Stil

> ### ÖFFNUNGSZEITEN UND EINTRITT
>
> Der **Pass Monumentale Narbonne** gibt u. a. Zugang zum Bischofspalast inkl. Turm und Museen, zur Schatzkammer der Kathedrale und zum Horreum (www.musees-narbonne.fr, Juni–Sept. tgl. 10–18, Okt.–Mai Mi–Mo 10–12.45, 14–17/18 Uhr, 10 €, red. 6 €).

Aus dem Kreuzgang (14. Jh.) und dem Jardin des Archevêques (18. Jh.) öffnet sich der Blick auf das vielgliedrige Strebewerk der Kathedrale.

(19. Jh.) sowie dem mächtigen **Donjon Gilles Aycelin** (13. Jh.). 162 Stufen führen hinauf zum Wehrgang in 42 m Höhe und einer vortrefflichen Aussicht. Im alten und neuen Palast sind die Kollektionen des Musée archéologique und des Musée d'Art et d'Histoire zu bewundern.

Neben dem Bischofspalast strebt der Chor der gotischen **Cathédrale St-Just et St-Pasteur** [2] (tgl. 9–12, 14–18 Uhr) zum Himmel. Mit 40 m Scheitelhöhe zählt er zu den höchsten in Frankreich. Nach seiner Vollendung Mitte des 14. Jh. stockten die Arbeiten: Der von Türmen flankierte westliche Abschluss blieb ein Provisorium.

Die Römerstadt

An die glorreiche Vergangenheit als Kapitale der römischen *Provincia Gallia Narbonensis* konnte Narbonne später nicht mehr anknüpfen. Mit der Versandung des antiken Hafens am Etang de Bages im 14. Jh. geriet die Stadt endgültig ins Abseits. Auch heute spielt sie im Département Aude nach Carcassonne nur die zweite Geige. Einzige sichtbare Spur der Römer ist ein kleines Stück der **Via Domitia** auf der Place de l'Hôtel de Ville. Unter der Stadt aber machten die Archäologen das **Horreum** [3] (Zugang: 7, rue Rouget de l'Isle) aus dem 1. Jh. v. Chr. zugänglich, als Vorratskammern und Lagerräume genutzte Galerien.

An die 1700 Fragmente antiker Gebäude und Grabsteine, die im Mittelalter in der Stadtmauer verbaut worden waren, wurden nach deren Abriss gerettet und in der entweihten Kirche Notre-Dame-de-Lamourguier (13. Jh.) gelagert. Nach über 150 Jahren Interim fanden sie gemeinsam mit alle anderen Schätzen aus den örtlichen Grabungen einen repräsentativen Platz im neuen **Musée Narbo Via** [4] (Giratoire de la Borne Milliaire/av. de Gruissan, Eröffnung Ende 2020/Anfang 2021). Die lichtdurchflutete ebenerdige Architektur errichteten Foster+Partners am Canal de la Robine am östlichen Stadtzugang. Die zentrale Achse des Museums bildet eine 90 m lange, digital manipulierbare Ausstellungswand.

Stilvoll
Hôtel la Résidence 🏠
Das Stadtpalais aus dem 19. Jh. präsentiert sich mit Marmortreppe, hohen Stuckdecken und ausgewählten Antiquitäten in klassischer Eleganz. Trotz der zentralen Lage finden Sie hier in 26 Zimmern Ruhe und Komfort.
6, rue du 1er Mai, T 04 68 32 19 41, www.hotelresidence.fr, DZ 90 € inkl. Frühstück

Terrasse am Kanal
En Face ❶
Mit einer Terrasse an der Kanalpromenade macht das simple Restaurant auf sich aufmerksam. Innen reihen sich ein Dutzend kleine, rot-weiß kariert eingedeckte Bistrotische entlang der Theke. Die Preise sind fair, das Serviceteam ist freundlich.
27, cours de la République, T 04 68 75 16 17, Di abends u. Mi geschl., mittags *formule* 12 €, Menü ab 20 €

Im Bistrostil der 1930er-Jahre
Le Petit Comptoir ❷
Zu Recht ist der ›kleine Tresen‹ seit Jahren eine der beliebtesten Adressen der Stadt. Frische und Qualität haben hier Priorität. Die Weinkarte mit über 300 Referenzen ermöglicht es, die schönsten *crus* der Region zu probieren. Unbedingt reservieren!
4, bd. du Maréchal Joffre, T 04 68 42 30 35, www.petitcomptoir.com, So, Mo geschl., Menü mittags ab 18 €, abends 34 €

Entlang des Kanals
Languedoc VTT Evasion ❶
Vom Stadtzentrum aus können Radfahrer entlang dem **Canal de la Robine** zu Exkursionen aufbrechen. Nach Norden führt eine Tour durch Weinfelder bis zur Abzweigung in den **Canal du Midi** nahe bei Le Somail. Nach Süden geht es

FRISCHEPARADIES

Les Halles 🏠**,** die 1901 im Stil von Baltard als Metallpavillon erbaut wurden, sind eines der schönsten Marktgebäude im Midi. Unter dem majestätischen Dach preisen an die 80 Händler täglich von 7 bis 13 Uhr ihre Waren an: Obst und Gemüse, Fisch und Fleisch, Käse und Wein in großer Vielfalt. Ein typisches Einkaufsvergnügen à la française!

zunächst ebenfalls durch Weinreben und weiter auf schmalem Damm zwischen den Etangs nach **Port-la-Nouvelle** ans Meer. Unterwegs lohnt ein Abstecher zum kleinen Freizeithafen **La Nautique,** mit dem charmanten Hafenbistro (https://lanautiquenarbonne.com).
Radverleih: Pont de la Liberté (Ecke quai Victor Hugo), T 06 74 89 75 98, http://languedocvtt evasion.over-blog.com, tgl. 10.30–18.30 Uhr, Reservierung empfohlen, Lieferung und Abholservice möglich; auch geführte Touren

❶ Infos
OT: 31, rue Jean-Jaurès, 11100 Narbonne, T 04 68 65 15 60, www.narbonne-tourisme.com.
Gare SNCF: Av. Carnot. Regional- und Fernzüge, auch TGVs.
Gare routière: Bd. du Docteur-Léon-Auge, Info: https://lio.laregion.fr.

IN DER UMGEBUNG

Ein Ort voller Harmonie
Versteckt in einem Tal der Corbières liegt die gut erhaltene **Abbaye de Fontfroide** (🗺 G 14). Im Mittelalter war die Zisterzienserabtei (12. Jh.) eines der einflussreichsten Klöster in Südfrankreich und zugleich ein wichtiges Bollwerk gegen die Häresie. Kurzweilig und sehr informativ sind die Führungen. Zur Abtei, die seit 1908 in Privatbesitz ist, gehören eine *domaine* (Weinverkauf vor Ort) sowie das empfehlenswerte Restaurant **La Table de Fontfroide.**

RD 613, 15 km südl. von Narbonne, www.font
froide.com, Juli, Aug. 9.30–19, April–Juni, Sept.,
Okt. 10–18, Nov.–März 10–12.30, 13.30–17
Uhr, 11,50 €, 6–18 J. 7 € inkl. Flyer oder Tablet,
Führungen 13,50 €, red. 9 €

Gruissan 🗺 H/J 14

**Schneckenhausförmig umringen
die Häuser einen Felssockel mit
der Ruine der Tour Barberousse.
In römischer Zeit bewachte diese
Burg die Hafenzufahrt von Narbonne. Um die Touristen anzulo-
cken, entstand in den 1970er-Jah-
ren neben dem alten Dorf ein
moderner Badeort mit Jachthafen.
Ein Kuriosum ist die Pfahlhaussied-
lung Les Pilotis direkt am Strand.**

Krebsrot
In der **Salin de Gruissan** zaubern
Licht und Farben faszinierende Motive
für Fotografen und Maler. Eine kleine
Ausstellung zeigt sie. Wissen Sie, woher
die grell rot-violette Färbung rührt? Ver-
antwortlich ist *Artemia salina*, ein winzi-
ger Krebs, der in den Salinen bestens
gedeiht. Je höher die Salzkonzentration,
desto intensiver seine Rottönung.
Viele weitere Fragen rund um die
erstaunliche Alchemie aus Sonne, Wind
und Meerwasser werden auf einem
Spaziergang durch die Salzgärten sowie
im Eco-musée geklärt. Im Hochsommer
können Sie bei der Ernte der besonders
delikaten *fleur de sel* zusehen – der
Kassenschlager der Boutique du Saunier.
Salin de l'Île St-Martin, www.lesalindegruissan.
fr, März–Dez. tgl. 10/10.30 bis mind.18.30 Uhr,
90-minütige Führungen je Saison 11, 15, 16.30,
18 Uhr

🏠 Am Rand des Schneckenhauses
La Maison de Gruissan
Das Herrenhaus (19. Jh.) wurde mit
Respekt vor der historischen Bausubstanz
restauriert; so blieben auch die farbigen
Zementfliesen erhalten. Ausgesuchte alte
Möbelstücke verleihen zwei *chambres
d'hôtes* und zwei Suiten eine persönliche
Note. Ein schattiger Hof steht allen Gäs-
ten zum Ausspannen zur Verfügung.

GENIESSEN IN DEN SALINEN

Bei der Umwandlung der Salin de
Gruissan in ein Ökomuseum ent-
stand die Idee, in den ungenutzten
Becken Austern aus dem Etang
de Thau einen letzten raffinierten
Touch zu verleihen und sie in der
Cambuse du Saunier gleich vor
Ort zu vermarkten. Das einfache
Strandlokal hat sich inzwischen zu
einem gastronomischen Hotspot
entwickelt, der nicht nur Fisch und
Austern auf den Tisch bringt. Ohne
Reservierung läuft hier gar nichts!
(T 04 84 25 13 24, Mai–Sept. tgl.
durchgehend geöffnet, März, April,
Okt.–Mitte Dez. meist nur Mi–So
mittags, kleine Gerichte ab 12 €)

16, av. du général Azibert, T 06 58 55 89 44,
www.chambre-hote-gruissan.fr, DZ ab 65 €,
Familiensuiten ab 130 €, jeweils inkl. Frühstück

🌊 Wandern, Biken, Klettern
Montagne de la Clape
Zahlreiche ausgeschilderte Wander- und
Radrouten durchziehen das Karstmas-
siv. Auf einem Pilgerweg geht es von
Gruissan hoch zur Kapelle Notre-Dame-
des-Auzils (▶ S. 80). Karten und
Routenvorschläge gibt es im Office
de Tourisme. Anspruchsvoller sind die
Klettertouren mit **Gruissan Escalade**
(www.antoinegastonescalade.com).

❶ Infos und Termine
OT: 80, bd. du Pech Maynaud, 11430
Gruissan, T 04 68 49 09 00, http://
gruissan-mediterranee.com.
Fête des Pêcheurs: 29. Juni, Schiffs-
prozession, Segnung der Fischernetze.

IN DER UMGEBUNG

Auf Safari
Kleine Nebenstraßen führen um den
Etang de Bages et de Sigean (🗺 H
14/15) zu den malerischen Fischerdör-
fern **Bages** und **Peyriac-de-Mer.**
Der Besuchermagnet am Etang ist die

Réserve Africain de Sigean. Sie fahren im eigenen Pkw durch den Safaripark und können dabei Löwen, Zebras, Giraffen und andere Wildtiere aus nächster Nähe beobachten. Ein gesicherter Weg erlaubt es auch, zu Fuß auf Pirsch zu gehen.

19, chemin Hameau du Lac, Sigean, www.reserve africainesigean.fr, tgl. ab 9 Uhr, 31 €, 4–14 J. 22 €

🕐 Mit Blick über die Lagune
Le Portanel
Eine zauberhafte Adresse, um die Produkte des Etang de Bages zu kosten. Je nach Saison steht sogar Aal in allen Variationen auf der Karte. Aber auch die Fleischgerichte sind zu empfehlen.

La Placette, Bages, T 04 68 42 81 66, http:// leportanel.net, So abends, Mo, Mi abends, geschl., Menü 21 € (Di–Fr), 31 €

Leucate 📖 H 16

Den 10 km langen Lido des Etang de Leucate überziehen die Apartmentanlagen und Ferienhäuser von Port-Leucate und Port-Barcarès. An den Beginn des Badetourismus Anfang des 20. Jh. erinnern die kleinen Ortschaften La Franqui und Leucate-Plage beidseitig des Felsrückens am Cap Leucate. Das landeinwärts gelegene alte Dorf Leucate lebt nach wie vor von der Austernzucht und dem Weinbau.

🏠 Ideal für Strandurlauber
La Côte Rêvée
Das Rauschen der Wellen ist für die Gäste des kleinen einfachen Hotels am Fuß des Cap Leucate ein ständiger Begleiter, vor allem wenn sie ein Zimmer mit Meerblick wählen. In der Hochsaison wird die Idylle allerdings empfindlich gestört, dann gesellt sich zur Meeresmelodie das Stimmengebrumm von der großen Restaurantterrasse im Erdgeschoss.

55, bld. du Front de Mer, Leucate-Plage, T 04 68 40 72 72, www.coterevee.com, DZ mit Meerblick 65–135 €, zum Felsen 65–115 €

🕐 Im alten Dorf
Le Jardin des Filoche
In dem hübschen Gartenlokal verwöhnt Serge Filoche mit raffiniert angerichteten Klassikern der Region wie etwa *raie au beurre noire* (Rochen in gebräunter Butter mit einem Schuss Weisswein-

Gruissan gilt als Mekka der Windsurfer. Weit über 1000 Profis und Amateure aus aller Welt gehen bei der Défi Wind alljährlich Ende Mai ins Rennen. Einige Teilnehmer beweisen ihr Talent auch im Stand up Paddling.

10

Von Weinbauern und Seefahrern – **La Clape**

Schon den Römern galt das Karstmassiv am Meer als bevorzugtes Weinbaugebiet. Der weitaus größte Teil dieses ›Steinhaufens‹, denn nichts anderes bedeutet ›clapas‹ auf okzitanisch, bleibt jedoch der Natur überlassen. An exponierter Stelle wacht Notre-Dame-des-Auzils über das Wohl der Seeleute aus Gruissan.

Die Montagne de la Clape, einst eine Felseninsel, die erst im 14. Jh. mit dem Festland verschmolz, ist aufgrund ihrer Einmaligkeit seit 1973 ein klassifizierter Naturraum *(site naturel classé)* und gehört seit 2003 zum **Parc Naturel Régional de la Narbonnaise.** Hier registriert man rekordverdächtige 3000 Sonnenstunden im Jahr. 13 verschiedene Winde fegen über das Massiv hinweg und verscheuchen die Wolken. Regenfälle sind selten, aber dafür um so heftiger.

Einladung zur Dégustation

In diesem extremen Klima gedeiht auf karstigen Böden die typische Mittelmeervegetation: duftende Gewürzpflanzen und immergrüne Zwergsträucher, Stein- und Kermeseichen, Aleppokiefern und Schirmpinien. Zwischen Schluchten und Felsbarrieren haben die Bauern der Natur kleine Parzellen für den Oliven- und Weinbau abgetrotzt. Etwa 40 Winzer produzieren auf diesem außergewöhnlichen Terroir Weine von großem Renommee. Tafeln weisen den Weg zu den Châteaux. Über holprig-

Vor dem Eingang ein Wachposten für die Kapelle, innen die Madonna, die die Seeleute beschützt.

abenteuerliche Zufahrten geht es auch fast hinauf zum 214 m hohen **Pech Redon,** dem Gipfel von La Clape. Immer wieder ergeben sich Blicke hinab nach Narbonne oder aufs glitzernde Meer.

Trugbilder

Beeindruckend ist auch die Aussicht von der 1635 errichteten **Chapelle Notre-Dame-des-Auzils** **1**. Die Kapelle ist auf der schmalen Route Verte zu erreichen, die von der D 32 ca. 300 m südlich der Zufahrt zum Château Capitoul abzweigt. Vom Park- und Picknickplatz unter Kiefern steigen Besucher in etwa 15 Minuten über die sogenannte ›Allee der Ertrunkenen‹ hinauf zur Kapelle. Entlang des Wegs ehren 27 Gedenksteine verstorbene Seeleute aus Gruissan: Ein einzigartiger **Cimetière Marin,** denn niemand ist hier tatsächlich beerdigt.

Wie ein Seefahrtsmuseum mutet die Kapelle an, die 27 Modelle und 73 Bilder von Schiffen bewahrt. Sie sind Dankesbekundungen an die Madonna für eine Rettung aus Seenot. Ungeklärt blieb der Raub von ca. 50 der Votivtafeln im Jahr 1967. Zum Glück fanden die Gruissanais Fotografien der gestohlenen Gemälde, die so als Trompe-l'oeil direkt auf die Kapellenwände kopiert werden konnten. Sie müssen schon genau hinsehen, um die ›Fälschungen‹ zu erkennen. Ostermontag und Pfingstmontag ist die Kapelle traditionell das Ziel einer Wallfahrt.

»Um 13 Uhr liefen wir aus, um den deutschen Segler Fara Way aus schwerer See zu bergen, gerieten aber selbst in Bedrängnis. Ich dachte, mein letztes Stündlein habe geschlagen, als die Wellen über uns einbrachen. Beim Auftauchen fiel mein erster Blick auf Notre-Dame-des-Auzils. Die Madonna hatte uns gerettet.« So erinnerte sich Kapitän Carbonel an eine dramatische Rettungsaktion im August 1992.

INFOS/ÖFFNUNGSZEITEN

Erkundung La Clape: 1/2 Tag
Notre Dame des Auzils **1**: Mi–So Juni–Mitte Sept. 10–12.20, 15.30–19, Ostern–Mai, Mitte Sept.–Okt. 10–12.20, 14–17.30 Uhr
Ausrüstung: festes Schuhwerk

KULINARISCHES FÜR ZWISCHENDRIN

Wie wäre es mit einem Picknick zwischen Reben? Das **Château le Bouïs 1** (Route bleue, T 04 68 75 25 25, April–Okt. 10–17 Uhr, 19,50 €) stattet Sie mit einem Korb voll Leckereien und allen Utensilien aus – sowie Liegestuhl auf Wunsch.

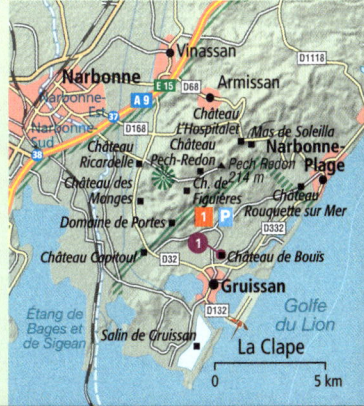

Faltplan: H/J 14

essig). Da alles frisch zubereitet wird, ist manchmal ein wenig Geduld gefragt.

64, av. Jean Jaurès, T 04 68 40 01 12, Mo, Di, Do, Fr mittags und abends (Juli/Aug. nur abends), Sa abends, So mittags geöffnet, Menü ab 30 €

ⓘ Infos und Termine
OT: Espace Henry de Monfreid, 11370 Port-Leucate, T 04 68 40 91 31, www.tourisme-leucate.fr.

IN DER UMGEBUNG

Auf verlorenem Posten
Ferdinand von Aragón ließ die **Forteresse de Salses** (🗺 G 16) 1497 an der Nordgrenze seines Reiches errichten. Die genial konzipierte Anlage ist ein einmaliges Beispiel der Militärarchitektur zu Beginn der Neuzeit. 1691 wurde das Bollwerk unter französischer Regie nach Plänen Vaubans verstärkt. Allerdings hatte es seine militärische Bedeutung da bereits eingebüßt: Seit dem Pyrenäenfrieden 1659 verlief die Grenze zwischen Spanien und Frankreich weiter südlich über die Bergkämme.

Salses-le-Château, http://www.forteresse-salses.fr, April–Sept. tgl. 10–18.30, Okt.–März

F
FLUCHT

Der **Mémorial du Camp de Rivesaltes** (🗺 G 17) nahe Salses-le-Château erinnert in bewegender Weise an Flucht infolge von Kriegen und Verfolgung wegen Herkunft, Glaube oder Gesinnung. Nach 1938 diente das Lager als Transitort für spanische Bürgerkriegsflüchtlinge. Während des Vichy-Regimes warteten hier Juden, Zigeuner und Kommunisten auf ihre Deportation, am Kriegsende wurden dann deutsche Soldaten interniert. Nach dem Algerienkrieg lebten im Lager vorübergehend 21 000 Harkis (www.memorialcamprivesaltes.eu).

10–12.45, 14–17.15 Uhr, letzte Führung je 1.15 Std. vor Schließung, 8 €, bis 25 J. frei

Lagrasse 🗺 F 14

Das Bilderbuchdorf am Orbieu war im Mittelalter der wichtigste Handelsplatz in den Corbières. Aus dieser Zeit stammen die Überreste der Stadtbefestigung und die offene Markthalle. Größte Attraktion aber ist die Abtei.

Seit der Revolution geteilt
Die mittelalterliche **Pont Vieux** buckelt vom Dorf über den Orbieu zur 779 gegründeten Benediktinerabtei **Ste-Marie-d'Orbieu**, eines der ältesten und mächtigsten Klöster des Languedoc. Die Gebäude rund um den **Logis Abbatial** befinden sich im Besitz der öffentlichen Hand. Die gotische **Abteikirche** mit dem wuchtigen Glockenturm und dem Kreuzgang von 1760 hat die Ordensgemeinschaft der Chanoines übernommen. Ein Besuch der Abtei kann auf der Terrasse des **Café littéraire** ausklingen (Mitte Juni–Mitte Sept. tgl. 10.30–19 Uhr).

Logis Abbatial: https://abbayedelagrasse.aude.fr, tgl. Mitte Juni–Mitte Sept. 10–19, April–Mitte Juni, Mitte Sept.–Okt. 10–18, Nov.–März 10–17 Uhr, 5 €; Kirche: https://lagrasse.org, Mitte April–Mitte Nov. Fr–Mi 15.15–17.25 Uhr, Okt.–Mai nur Sa, So geöffnet, 4 €

🏠 Ungestörte Ruhe
Hostellerie des Corbières
Sechs sonnige Zimmer mit Dielenböden und hübschem Mobiliar – aber ohne Chichi, ebenso wie die entschlackt regionale Küche. Die Terrasse mit Blick auf die Weinberge ist ein Traum. Die jungen Wirtsleute umsorgen ihre Gäste auf charmante Weise.

9, bd. de la Promenade, T 04 68 43 15 22, www.hostellerie-des-corbieres.com, DZ 90–115 € inkl. Frühstück, Do geschl., Menü 24 € (mittags) u. 35 €

ⓘ Infos
OT: 16, rue Paul Vergnes, 11220 Lagrasse, T 04 68 43 11 56, https://vivonslagrasse.org.

Die Moulin d'Omer in Cucugnan wurde nicht nur als Blickfang restauriert: Hier wird auch noch mit Windkraft Getreide – meist alte Sorten – gemahlen. Das Mehl verarbeiten die Maîtres de Mon Moulin zu köstlichem Brot und Gebäck.

IN DER UMGEBUNG

Wein und Burgen

Ab Lagrasse durchstreift die **Route 20 Corbières** (http://20decorbieres.com) die wilde Hügellandschaft an den Ausläufern der Pyrenäen. Zwischen schroffe Karsthügel schmiegen sich die Rebflächen der Appellationsweine. Burgfesten erinnern an die Kreuzzüge gegen die Katharer. 1321 fand diese Epoche ihr offizielles Ende, als Guilhem Bélibaste im **Château de Villerouge Termenès** (F 15; www.audecathare.fr) auf dem Scheiterhaufen brannte. Die trutzige, von vier Ecktürmen gerahmte Burg steht inmitten eines mittelalterlichen Weilers. Viel eindrucksvoller aber sind die Festungsanlagen auf schwindelerregenden Felsgraten, wie die **Châteaux de Quéribus** und **Peyrepertuse** am Südrand der Corbières. Das Dörfchen **Cucugnan** (F 16) liegt strategisch günstig für ihre Erkundung (▶ S. 84).

In grauer Vorzeit

Auf die Spuren der ersten Bewohner der Corbières stießen Archäologen in den 1970-er Jahren in der **Caune de l'Arago.** Zehn Jahre benötigten die Forscher, um aus Schädel- und Knochenresten den Tautavel-Mensch zu rekonstruieren – mit 450 000 Jahren nicht einmal der älteste Europäer. Das ergaben 2014/15 die sensationellen Funde von ca. 560 000 Jahre alten menschlichen Zähnen. Eine Reise in die Grotte zu unseren frühen Vorfahren ermöglicht das **Musée de Préhistoire de Tautavel** (F 17).

Av. Léon-Jean Grégory, http://450000ans.com, tgl. Mitte Juli–Aug. 10–19, Sept.–Mitte Juni 10–12.30, 14–18 Uhr, 8 €, 7–14 J. 4 €

Schlupfloch ins Roussillon

Knapp 20 km westlich von Cucugnan hat der Agly durch das Rand der Corbières eine enge Passage Richtung Süden geschaffen. Die durch die wilden **Gorges de Galamus** (E 16) führende D 7 ist kaum breiter als 2 m und windet sich unter bedrohlich überhängenden Felswänden am Abgrund entlang. Für Campmobile ist hier kein Durchkommen. Tief unten in der Klamm liegt die **Ermitage St-Antoine-de-Galamus,** die ab dem Parkplatz am Ende der Durchfahrt zu Fuß in 15 Minuten zu erreichen ist.

Adlerhorste aus Stein –
Châteaux cathares

Die Burgruinen in den Corbières bewahren die Erinnerung an die Katharer. In den unzugänglichen Festungen hatten die Andersgläubigen zwar Zuflucht vor den königlichen und päpstlichen Verfolgern gefunden. Wer den mühsamen Aufstieg auf sich nimmt, wird aber erkennen, wie aussichtslos ihre Lage war.

Nach dem Sieg der Kreuzfahrer und dem Vertrag von Corbeil (1258) ließ Ludwig IX. die Burgen von Quéribus, Aguilar, Peyrepertuse, Puilaurens und Termes als Verteidigungsgürtel an der Südgrenze seines Reiches ausbauen. Erst mit dem Pyrenäenfrieden 1659 verloren die sogenannten ›Fünf Söhne von Carcassonne‹ ihre strategische Bedeutung.

In schwindelnder Höhe

Von **Cucugnan** steigt die Straße zum Pass **Grau de Maury** empor, über den das **Château de Quéribus** **1** wacht. Wie ein Adlerhorst thront die Burgruine in 729 m Höhe auf einer windumpeitschten Felsspitze. Der nur zehnminütige, aber anstrengende Anstieg zu dem massigen, vieleckigen Burgturm wird belohnt mit einem einmaligen Blick auf die Ebene des Roussillon und die Hügel der Fenouillèdes, über die der Pic du Canigou sein markantes Haupt erhebt. Nach dem Fall der Burg von Montségur (1244) war Quéribus die letzte Zufluchtsstätte der Katharer. 1255 wurde die Festung nach kurzer Belagerung kampflos den Truppen Ludwig IX. übergeben.

Verteidigung auf zwei Ebenen

Wenige Kilometer westlich von Cucugnan entdecken scharfe Augen auf einem Berggrat in 780 m Höhe die kühne Silhouette des **Château de Peyrepertuse** **2**. Die Ruinen, die sich über zwei Ebenen erstrecken, sind von den Felszacken kaum zu unterscheiden. Vom Parkplatz am Ende einer kleinen Bergstraße führt ein beschwerlicher Waldweg in 20 Minuten zur Unterburg aus dem 11./12. Jh. Sie

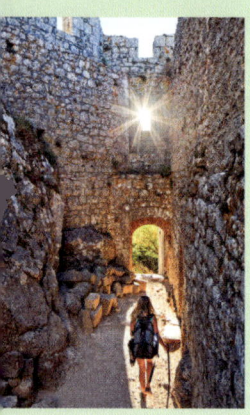

Wie mag der Alltag der Katharer während der Belagerung durch die Kreuzzügler ausgesehen haben? Welche Geschichten könnten die Mauern von Peyrepertuse erzählen? Die ›Reinen‹ selbst haben keinerlei Spuren hinterlassen. Einzige historische Quellen bilden die Protokolle der Inquisition.

Didier Trocqumé begleitet Mutige im Gleitschirm auf einem atemberaubenden Tandemflug rund um Peyrepertuse oder Quéribus.

musste ihre Wehrkraft niemals unter Beweis stellen, denn der Burgherr unterwarf sich 1240 kampflos der französischen Krone, die in den Folgejahren auch das obere Felsplateau befestigen ließ. Über eine schwindelerregende, in den Fels gemeißelte Treppe steigen die Besucher empor zum jüngeren **Château Sant-Jordi.** Zerstört wurde Peyrepertuse erst während der französischen Revolution von den Bewohnern der umliegenden Dörfer, die sich hier mit Baumaterial versorgten. Im Juli und August ist die Burgruine die zünftige Kulisse für Falkner-vorführungen. Mitte August versetzt ein riesiges Mittelalterfest zurück in die Ritterzeit.

INFOS/ÖFFNUNGSZEITEN

Dauer: 1/2–1 Tag
Quéribus **1**: Cucugnan, www.cucugnan.fr, April 9.30–18, Mai, Juni, Sept. 9.30–19, Juli, Aug. 9–20, Okt. 10–18.30, Nov.–März 10–17/17.30 Uhr, 7,50 €, 6–15 J. 4,50 €
Peyrepertuse: **2** Duilhac-sous-Pey-repertuse, www.peyrepertuse.com, Juli, Aug. 9–20, April–Juni, Sept. 9–19, März, Okt. 10–18, Nov.–Feb. 10–16.30/17 Uhr, 7 €, 6–11 J. 4 €
Achtung: Bei Starkwind werden die Burgen für Besucher gesperrt. Obacht bei Nässe auf rutschigen Steinen. Am besten Wanderschuhe tragen!
Gleitschirmflug: T 06 76 75 18 91, www.parapentebiplace.fr, tgl. nach Voranmeldung, ab 75 €

KULINARISCHES FÜR ZWISCHENDRIN

Die **Auberge du Vigneron** **1** (2, rue Achille-Mir, Cucugnan, T 04 68 45 03 00, www.auberge-vigneron.com, Mo geschl., Menüs ab 26 €, DZ ab 90 €) ist perfekt – für eine Pause oder über Nacht. Tolle Panoramaterrasse!

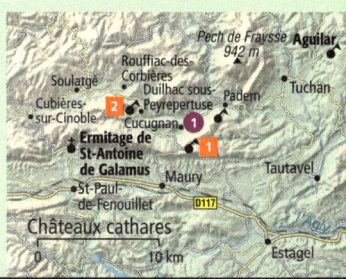

Faltplan: E 16

Perpignan und Pyrénées Orientales

Die katalanische Vergangenheit prägt bis heute das Temperament von Perpignan, der heißesten Stadt Frankreichs. Aber nur einen Katzensprung entfernt liegen die kühlen Hochtäler der Pyrenäen. Hier zeugen die Klöster am Canigou von einer frühen Blüte der Romanik (im Foto die Vorhalle der Prieuré de Serrabone), die Festungen in Villefranche-de-Conflent und Mont-Louis von einer Wende in der Militärarchitektur. Südlich von Perpignan findet die Sandküste Okzitaniens bei Collioure ihr grandioses Finale in den Felsen der Côte Vermeille.

Perpignan 📖 G 17/18

»Fidelissima Vila (treueste Stadt) de Perpinyà« nennt sich Perpignan (116 000 Ew.) heute stolz auf Katalanisch und erinnert damit an den hartnäckigen Widerstand gegen die französische Annexion 1659. Vor allem in der von Boulevards umspannten Altstadt zeigt Perpignan seine katalanische Seite. Für einen Plausch und ein Gläschen im Café findet man hier tagsüber immer Zeit, und die Nächte sind lang. Mit ehrgeizigen Neubauten, wie etwa dem Théâtre de l'Archipel nach Plänen des Stararchitekten Jean Nouvel, positioniert sich Perpignan gleichzeitig als moderne europäische Kulturstadt.

Karfreitag, Schlag 15 Uhr, kündigen metallisches Geläut und ein kurzer, dumpfer Trommelwirbel den Beginn der **Procession de la Sanch** an. In den Gassen von Perpignan hält für drei Stunden das Mittelalter Einzug. Angeführt vom *régidor* mit der eisernen Handglocke, bewegt sich der Zug gemessenen Schrittes und unter Absingen katalanischer Kirchenlieder (*goigs*) von der **Kirche St-Jacques** 7 in Richtung Kathedrale. Die Frauen tragen Schwarz, während die Männer in die Furcht einflößende schwarze oder scharlachrote *caperutxa* gehüllt sind, eine bodenlange Kutte mit spitzer Kapuzenkappe. Schwer tragen die Teilnehmer an zahlreichen *misteris*, lebensgroße Skulpturen, die einzelne Szenen der Kreuzigung darstellen. Für gläubige Katholiken ist die Sanch, die ihre Anfänge im 15. Jh. findet, Ausdruck tiefer Religiosität, für die Kritiker nichts anderes als ein grandioses touristisches Spektakel.

Hohe Kunst

Seit 2017 zeigt sich das **Musée d'Art Hycinthe Rigaud** 1 in neuer Pracht. Seine Exponate erzählen die Geschichte der Kunst in Perpignan von der Gotik über Barock und Moderne bis heute. Sie können wunderbar auf einen Bummel durch die Stadt (▶ S. 90) einstimmen.

21, rue Mailly, www.musee-rigaud.fr, Juni–Sept. tgl. 10.30–19, Okt.–Mai Di–So 11–17.30 Uhr, 10 €, bis 18 J. frei

·······································

SCHLAFEN, SCHLEMMEN, SHOPPEN

·······································

Altes Haus, neues Interieur
Hôtel de la Loge 1

Das Bürgerhaus aus dem 16. Jh. eignet sich bestens für Nachtschwärmer, liegt es doch in einer der handtuchschmalen Gassen des alten Tuchmacherviertels mitten in der Altstadt. Die komfortablen 22 Zimmer bieten dennoch Ruhe, aber keinen schönen Blick.

1, rue des Fabriques d'en Nabot, T 04 68 34 41 02, www.hoteldelaloge.com, DZ ab 69 €

Glamour-Design für kleines Budget
Nyx Hôtel 2

Auf halbem Weg zwischen Castillet und Bahnhof spricht das kleine Hotel mit urbanem Chic vor allem ein jüngeres Publikum an. Dekor und Farben der 17 Zimmer, die teils einen Balkon besitzen, sollen an die Nacht oder den Tag, den Mond oder die Sonne denken lassen.

62bis, av. Général de Gaulle, T 04 68 34 87 48, www.nyxhotel.fr, DZ ab 86 €

Mit viel Flair
Casa Sansa 1

Der schmale, mit unzähligen Bildern und Schiffsmodellen urig dekorierte Schankraum ist meist bis auf den letzten Platz gefüllt. Die Gäste sitzen in geselliger Enge nebeneinander und genießen die Klassiker der katalanischen Küche. Wer gerne Fisch mag, sollte unbedingt die *aïoli de morue* wählen: ein Filet vom Stockfisch mit einer hausgemachten Knoblauchmayonnaise und blanchiertem Gemüse. Unbedingt ein wenig Platz für die *crème catalan* zum Dessert lassen!

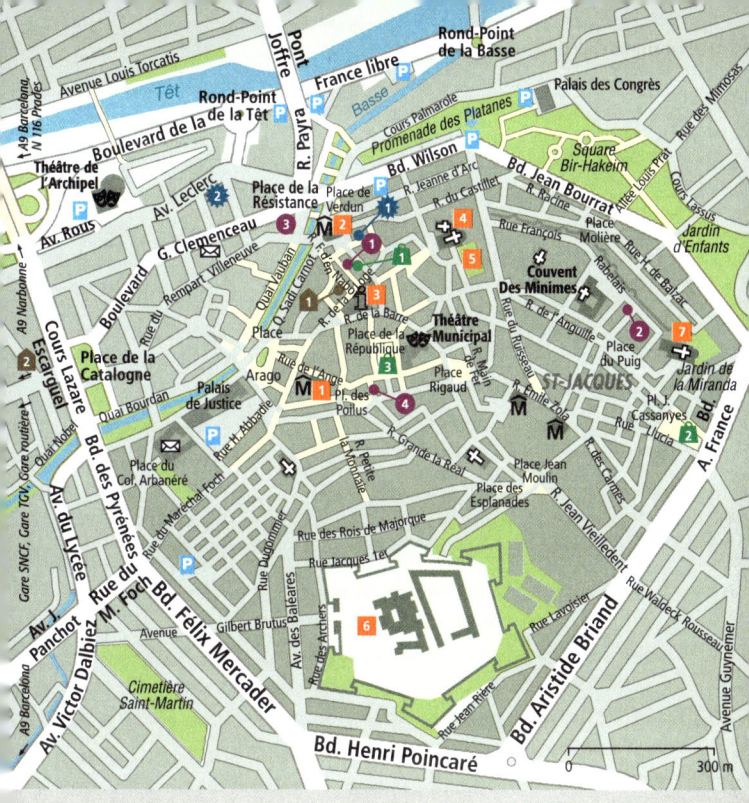

PERPIGNAN

Sehenswert

1 Musée H. Rigaud
2 Le Castillet
3 Place de la Loge
4 Cathédrale St-Jean
5 Campo Santo
6 Palais des Rois de Majorque
7 St-Jacques

In fremden Betten

1 Hôtel de la Loge
2 Nyx Hôtel

Satt & glücklich

1 Casa Sansa
2 Le Sud
3 La Terrasse
4 Rue Paratilla

Stöbern & entdecken

1 Gil & Jean
2 Marché Cassanyes
3 Marché République

Wenn die Nacht beginnt

1 Rue Grande des Fabriqués
2 Av. du Gén.-Leclerc

2, rue Fabrique d'en Nadal, T 04 68 50 48 01, So, Mo geschl., Menü ab 24 €

Gartenrestaurant
Le Sud 2
Dem Restaurant schadet die Lage am Rand des Problemviertels St-Jacques nicht. Das Ambiente im Patio lässt an Andalusien denken, die Speisekarte lädt zu einer Reise rund ums Mittelmeer ein.

12, rue Louis-Bausil, T 04 68 34 55 71, http://restaurantlesud.fr, göffnet April–Nov. Di–Sa jeweils abends, Hauptgericht ab 24 €

Tolle Aussicht
La Terrasse 3
Schon zum Frühstück lädt der Rooftop des Kaufhauses **Galeries Lafayette** zu einem tollen Blick über Perpignan ein.
1, pl. de la Résistance, T 04 68 35 26 91, Mo–Fr 9.30–19.15 Uhr, kleine Gerichte um 7 €

Frankreichs katalanische Ecke – **Perpignan**

 # 12

Auch über 350 Jahre nach dem Pyrenäenfrieden fühlen sich die Perpignanais in erster Linie als Katalanen. Diesseits der Pyrenäen ist dies aber kein Grund – zumindest bislang –, die Unabhängigkeit auszurufen. Die temperamentvolle Seele von Perpinyà erlebt, wer sich durch die Gassen der Altstadt treiben lässt. Die Kathedrale sowie der Palast über der Stadt sind steinerne Zeugnisse von Perpignans glanzvoller Epoche als Hauptstadt des mallorquinischen Königreichs.

Das Wahrzeichen Perpignans ist **Le Castillet** 2, über dem die Flagge Kataloniens in den Farben von Blut und Gold – *sang et or* – weht. Das burgartige Stadttor wurde 1368 errichtet, um den Besitz des Hauses Aragón vor Angriffen der französischen Krone zu schützen. Sein rotes Ziegelkorsett ist typisch für die katalanische Architektur. Massive Holztüren mit großen Riegeln erinnern daran, dass im Castillet nach dem Pyrenäenfrieden 1659 die Staatsfeinde Frankreichs eingekerkert wurden. Vom Turm – 142 (!) Stufen – bietet sich eine großartige Aussicht auf Stadt und Land mit der Silhouette des Canigou am Horizont. Dort entzünden die Katalanen alljährlich das Johannisfeuer mit einer Flamme, die das Jahr über im Castillet gehütet wird.

Nur drei Schritte von der Place de la République entfernt verführt die **Rue Paratilla** 4 *mit Bazaratmosphäre. Hier finden Sie bei* **Aux Bonnes Olives** *oder im* **Maison du Jambon** *einen Happen auf die Hand oder Sie lassen sich im Bistro* **Henri & Cie** *den ›plat du jour‹ schmecken, sofern Sie einen der wenigen Plätze ergattern können.*

Im Gassengewirr

Unter dem Castillet hindurch trägt der Strom der Passanten Sie automatisch zur **Place de la Loge** 3, an der sich bereits seit dem 13. Jh. das Rathaus befindet. Gleich daneben wurde 1397 die repräsentative **Loge de Mer** als Sitz des Seegerichts und der Handelsbörse errichtet. Heute informiert hinter ihren spätgotischen Spitzbögen das Tourismusbüro. Auf dem schmalen Platz brodelt das Leben, die ›Logen‹-Plätze auf seinen Café-Terrassen sind heiß begehrt. An Sommerabenden tanzen hier die Perpignanais die *sardane* – Mitmachen erlaubt!

Im **Quartier de la Loge** übten im Mittelalter die Stoffveredler, die Perpignans Reichtum begründeten, ihr Handwerk aus. 400 zählte man 1330. Heute lässt zwischen Loge und Castillet eine Vielzahl an Restaurants mittags und abends die Qual der Wahl. Wie ihre südlichen Nachbarn gehen die Perpignanais abends erst nach 20 Uhr zum Essen. Danach ist es dennoch selten zu spät für eine Einkehr in eine der Bars, etwa im Habana Bodeguita oder Le Zinc in der **Rue Grande des Fabriqués** ✦.

Mediterrane Backsteingotik

Von der Place de la Loge sind es nur wenige Schritte über die **Rue St-Jean** zur **Cathédrale St-Jean** 4. Ihre schlichte, aber wuchtige Backsteinfassade wird – wie häufig im Roussillon zu sehen – von einem Uhrturm mit elegantem, schmiedeeisernem Glockenkäfig flankiert. König Sancho von Mallorca legte 1324 den Grundstein für die Kirche, geweiht wurde sie erst 1509, da Pest und Kriege das Bauvorhaben zum Erliegen brachten. Obwohl sie sehr viel bescheidenere Maße erhielt als ursprünglich geplant, gilt der imposante einschiffige Kirchenraum als eines der schönsten Beispiele der südfranzösischen Gotik.

Rechts neben der Kathedrale entstand ab 1300 ein weitläufiger Kreuzgang, der **Campo Santo** 5, in dessen umlaufenden Galerien die reichen Familien Perpignans Gruften besaßen. Im Sommer bildet das umfriedete Rechteck den zauberhaften Rahmen für diverse Open-Air-Veranstaltungen.

Über der Altstadt

Auf einem Hügel im Süden der Altstadt thront der **Palais des Rois de Majorque** 6. Nach seiner Thronbesteigung 1276 erkor Jakob II. von Mallorca Perpignan zur Festlandresidenz seines Reichs und ordnete den Bau des Palastes an. Im 16. Jh. wurde der Königspalast vom spanischen Regenten Philipp II. mit einer riesigen sternförmigen Zitadelle ummantelt, in die nach dem Fall Kataloniens an Frankreich französische Truppen einzogen. Nach fünf Jahrhunderten militärischer Nutzung steht der Königspalast samt seiner Außenanlagen heute im Dienste der Kultur.

Die schmiedeeiserne Wetterfahne in Form eines Schiffes erinnert an die Kaufleute der Stadt, die sich in der Loge de Mer versammelten und durch den Seehandel mit Stoffen und Eisen Reichtum erlangten.

KULTUR & ESSEN
Spaziergang: ca. 6 Std. mit Einkehr
Le Castillet 2: pl. de Verdun, Juni–Sept. tgl. 10.30–18, Okt.–Mai Di–So 11–17.30 Uhr, 9 €, bis 18 J. frei
Cathédrale St-Jean 4: Mo–Sa 8–18, So 11–17.30 Uhr
Campo Santo 5: Juni,– Sept. tgl. 10.30–18.30, Okt.–Mai Di–So 11–17.30 Uhr
Palais des Rois de Majorque 6: rue des Archers, tgl. Juli, Aug. 9.30–18.30, April–Juni, Sept., Okt., 10–18, Nov.– März 10–17 Uhr, 4 €
Rue Paratilla 4: Delikatessen aller Art

Faltplan: G 17/18 | Cityplan S. 89

Das Fot}}ofestival Visa pour l'Image zeigt nicht nur bemerkenswerte Dokumente des Weltgeschehens, sondern öffnet den Besuchern auch die Türen zu ausgefallenen Orten in Perpignan, etwa zum Couvent des Minimes.

Souvenirs in ›sang et or‹

Seit dem 17. Jh. hat die Anfertigung von Granatschmuck im Roussillon Tradition. Die in Gold (or) gefassten blutroten (sang = Blut) Steine haben für die Katalanen große Symbolkraft. Schmuckstücke in typischen Formen gibt es z. B. bei **Gil & Jean** 🛈 (5, rue Louis Blanc).

Perpignans Märkte

Das **Quartier St-Jacques,** in dem überwiegend Zigeuner – ihre Vorfahren ließen sich ab dem 14. Jh. hier nieder – und Araber leben, ist als Problemstadtteil bekannt. Doch das bunte Spektakel und das vielseitige Warensortiment auf dem **Marché Cassanyes** 🞲 (tgl. 7.30–13.30 Uhr) schätzen Leute aus allen Stadtvierteln und Schichten. Auf dem kleinen **Marché de la République** 🞳 (Di–So 7.30–13.30 Uhr) im Zentrum der Altstadt werden in erster Linie Lebensmittel angeboten, samstags in Bioqualität. Anlaufstelle – vom Kaffee am Morgen bis zum Apéro am Abend – ist das **Républic' Café,** kurz Rép'.

Hotspot am Abend

Nicht nur in der **Rue Grande des Fabriqués** 🞴 sind die Nächte bewegt.

Auch in der **Avenue du Général-Leclerc** 🞲 gegenüber dem Théâtre de l'Archipel sind einige Musiklokale.

🌊 Strände

Bevorzugter Badeort der Perpignanais ist das nur 10 km entfernte **Canet-Plage** (📖 H 17/18), eine weit auseinandergezogene Siedlung mit Apartmenthäusern am 7 km langen Strand und einem Jachthafen. Im Süden folgt **St-Cyprien-Plage** (📖 H 18) mit 6 km Strand und ebenfalls großem Jachthafen. Zwischen den beiden Orten liegt der **Etang de Canet,** aus dem bei klarer Sicht der Canigou emporzusteigen scheint.

🛈 Infos und Termine

OT: Place de la Loge, 66000 Perpignan, T 04 68 66 30 30, www.perpignan tourisme.com.

Aéroport de Perpignan Rivesaltes: 6 km nördl., www.aeroport-perpignan. com. Zubringerbusse zum Zentrum.

Gare SNCF/TGV: Bd. du Conflent. Der alte Bahnhof von Perpignan – für Salvador Dalí der »Nabel der Welt« – hat ein hypermodernes Pendant erhalten, in dem die TGVs nach Paris und Barcelona halten. Lokalzüge nach Collioure/Port-bou und Villefranche-de-Conflent.

Gare routière: Bd. St-Assiscle, vis-à-vis des Bahnhofs, https://lio.laregion.fr.

Pkw: Ausgeschilderte Parkhäuser an den Boulevards rund um die Altstadt.

Procession de La Sanch: ▶ S. 88

Festa Major: Um den 24. Juni, mehrtägiges Stadtfest mit Umzügen, Sardane-Tänzen, katalanischen Gesängen und Entzündung des Johannisfeuers am Abend des 23. Juni.

Les Jeudis de Perpignan: Juli, Aug. jeden Donnerstagabend in der Altstadt, Straßentheater, Konzerte, Tanz.

Visa pour l'Image: Anfang Sept., www.visapourlimage.com.

IN DER UMGEBUNG

Im Obstgarten des Roussillon

Inmitten von Weinfeldern und Obstplantagen liegt **Thuir** (🕮 F/G 18), die Hauptstadt der **Aspres.** Hier werben die Hersteller eines bekannten Aperitifs, die **Caves Byrrh** (6, bd. Viole, www.byrrh. com, 45-minütige Führungen Juli, Aug. tgl. 10–11.30, 14–18.30, April–Juni, Sept., Okt tgl. 9.30–11.30, 14.30–17.30, Nov.–März Di–So 10.45, 14.30, 16 Uhr, 4,50 €, 12–18 J. 2 €), mit einem riesigen Eichenfass, das sage und schreibe 1 Mio. l fasst. Einige Kilometer weiter schmiegt sich das Bilderbuchdorf **Castelnou** (🕮 F 18) an einen Berghang, überragt von einer 1000-jährigen Burg. Die D 48/D 2 schlängelt sich weiter durch ausgedörrte Hügel hinunter nach **Ille-sur-Têt** (🕮 F 18), das für seine Pfirsiche bekannt ist. Hier zeigt das **Hospice d'Ille** (10, rue de l'Hôpital, Juni, Juli Mo–Fr 10–12/13, 14–18, Sa, So 13/14–18, Aug., Sept. Mo–Do 10–12/13, 14–18, Sa, So 13/14–18, Okt., Nov., Feb.–Mai Mo, Di, Do, Fr 14–18 Uhr, 5 €) kostbare romanische und barocke Kunstwerke aus dem Roussillon. Am linken Ufer der Têt faszinieren die bizarr erodierten Sandsteinfelsen der **Orgues** (tgl. Feb., März 10–18, April–Mitte Okt. 9.30–19/20, Mitte Okt–Jan. 14–17.30/18 Uhr, 5 €) mit einem Spiel aus Licht und Schatten.

ROUSSILLON-KRIMI

In Argelès wird eine junge Frau ermordet aufgefunden, in Perpignan verschwindet eine 21-Jährige. Beide holländische Touristinnen, beide blond. Außerdem wird ein Taxifahrer vermisst. Besteht ein Zusammenhang? Die Ermittlungen mitten im heißen Sommer führen Inspektor Gilles Sebag u. a. hinauf zur **Ermitage de Força Réal** (🕮 F 17) vor den Toren der Stadt, wo er einen gruseligen Fund macht. Das sollte Sie aber nicht abhalten, diesen atemberaubenden Belvedere anzusteuern. Weitere Einzelheiten in **Dreimal schwarzer Kater** von Philippe Georget.

Conflent 🕮 C–E 18/19

Die Region beidseitig des oberen Têt-Tals wird geprägt vom Massif du Madrès und dem majestätischen Canigou. Um das Jahr 1000 wurden in dieser von Bächen und Schluchten durchzogenen, wilden Bergregion Klöster in einer neuen, wegweisenden Bauweise errichtet. Zwei imposante Festungen markieren Mitte des 17. Jh. Frankreichs neue Südgrenze.

Bilderbuch der Architektur

Eines der schönsten Dörfer des Conflent – ja sogar Frankreichs – ist **Eus** (🕮 E 18), das in exponierter Lage am linken Ufer der Têt thront. Ähnlich reizvoll ist weiter oberhalb in den Bergen das ehemalige Grenzdorf **Mosset** (🕮 D 18). Zwei Abstecher mit schönen Ausblicken bevor man im Tal den Hauptort des Conflent **Prades** (🕮 E 18; 6000 Ew.) ansteuert. Die Dorfkirche **St-Pierre** beeindruckt den eiligen Besucher mit einem romanischen Glockenturm hiesiger Bauart. Wer sich Zeit nimmt, entdeckt in ihrem Innern ein barockes Meisterwerk des katalanischen Altarbauers Joseph Sunyer.

Kleinode der frühen Romanik – **Klöster am Canigou**

Am Fuß des Canigou gilt es, drei einzigartige Klöster zu entdecken. Trotz ihrer weltentrückten Lage entwickelten sie sich zu Orten der Begegnung und des Austauschs von handwerklichen Ideen und Fähigkeiten. So flirtet ihre Architektur mit Stilelementen aus der arabischen, westgotischen und italienischen Welt.

Um die Wende zum ersten Jahrtausend entstanden im Roussillon zahlreiche sakrale Bauwerke im Stil der Romanik, deren Leitmotiv der Rundbogen ist. Im Kontrast zu den klaren Linien und der strengen Regelmäßigkeit der Architektur steht der reiche und fantasievolle Skulpturenschmuck, der den Gläubigen in anschaulicher Weise die Inhalte der Bibel vermitteln sollte.

In wildromantischer Lage

Auf einem Felssporn an der Nordseite des Canigou-Massivs ließ Guifred de Cerdagne 1007 die **Abbaye St-Martin-du-Canigou 1** erbauen. Hier entstand erstmals im Roussillon sowohl ein Sakralbau mit Steingewölbe als auch ein Glockenturm nach lombardischem Vorbild mit Zwillingsfenstern und Zinnenkranz. Vom Weiler **Casteil** führt ein asphaltierter Fußweg teils durch schattigen Laubwald in ca. 45 Minuten zum Kloster in 1055 m Höhe, das im Rahmen einer Führung besichtigt werden kann.

Keine 10 km Luftlinie von St-Michel entfernt ragt im Tal der vierstöckige lombardische Glockenturm der 878 gegründeten **Abbaye St-Michel-de-Cuxa 2** auf. Der mächtige Abt Oliba, ein Bruder Guifreds, ließ ab 1008 St-Michel grundlegend umbauen. Als architektonischer Prototyp gilt vor allem sein Kreuzgang vom Anfang des 12. Jh., dessen Marmorsäulen und reich verzierte Kapitelle allerdings Anfang des 20. Jh. an einen amerikanischen Kunsthändler verkauft wurden. Nur die Süd- und Westgalerie konnten rekonstruiert werden.

Die fantastische Lage von St-Martin-de-Canigou lässt sich am besten vom ausgeschilderten Point de Vue aus erfassen. Reizvoll ist von hier der Blick auf die Südgalerie mit dem vorgelagerten kleinen Kräutergärtchen. Fernglas einstecken!

Im geheimnisvollen Halbdunkel des Kirchenraums von Serrabone wächst ein lichter Wald aus 12 Arkaden und Säulen, die die Chortribüne tragen. Kapitelle und Schauseiten der Tribüne sind kunstvoll verziert mit Löwen und Greifen, dämonischen Gestalten und geflügelten Fabelwesen – Boten aus Hölle und Himmel.

Die Bibel in Stein gemeißelt

Überhaupt ist Cuxa, so wie wir es heute sehen, das Werk einer aufwendigen Restaurierung. Nach der Revolution war die Abtei zur Ruine verfallen. Auch die herrliche Chortribüne ging unwiederbringlich verloren. Doch glücklicherweise besaß sie einen Zwilling in der **Prieuré de Serrabone** 3. Diese aus dunklem Schiefer erbaute schlichte Prioratskirche (11. Jh.), die sich in einem einsamen Tal in den Aspres verbirgt, lässt nichts von dem Juwel in ihrem Innern erahnen.

INFOS/ÖFFNUNGSZEITEN

Besuch aller drei Klöster: 1 Tag
St-Martin-du-Canigou 1: Casteil, http://stmartinducanigou.org, Führungen So 10, 12.30, 14, 15, 16 (17), Juni–Sept. Mo–Sa 10, 11, 12, 14, 15, 16, 17, Okt.–Dez., Feb.–Mai Di–Sa 10, 11, 14, 15, 16, Uhr, 6 €, bis 12 J. frei. Wer schlecht zu Fuß ist, kann sich im Taxi-Jeep ab Vernet oder Casteil zur Abtei bringen lassen (T 06 50 33 95 79). Wanderer hingegen können den Besuch mit einer Tour über den Col de Llavent verbinden (ab Casteil knapp 2 Std., ab Vernet ca. 3 Std.)
St-Michel-de-Cuxa 2: Codalet, https://abbaye-cuxa.com, Mo–Sa 9.30–11.50, April–Sept. tgl. 14–18, Okt.–März tgl. 14–17 Uhr, 6 €, bis 12 J. frei
Prieuré de Serrabone 3: Boule-d'Amont, T 04 68 84 09 30, 10–18 Uhr, Okt.–Mai Mo geschl., 4 €

KULINARISCHES FÜR ZWISCHENDRIN

Bevor Sie die letzten Kurven hinauf zur Prioratskirche nehmen, empfiehlt sich der **Relais de Serrabonne** 1 (D 618/ D 84, April–Okt. tgl. 10.30–18.30 Uhr, Teller 6–11 €) für eine Picknickpause. Die Produkte stammen von den Bauernhöfen der Umgebung.

Faltplan: D 19, E 18, F 18

Von Mont-Louis fährt der Train jaune weiter durch das alpine Hochtal der Cerdagne zum Grenzort Latour-de-Carol. Besonders reizvoll ist im Sommer die Fahrt im offenen Panoramawagen.

Außerhalb von Prades zeigt sich die **Abbaye St-Michel-de-Cuxa** (▸ S. 94) in reinster Romanik. Ihren Besuch können Sie mit dem von St-Martin-du-Canigou kombinieren. Die an Kurven und Aussichten reiche D 27 stellt über Taurinya die direkte Verbindung nach **Casteil** her, wo der Aufstieg zu dieser Abtei beginnt. Westlich von Prades rücken steil aufragende Felswände bis dicht an die Têt heran. Diese strategisch wichtige Stelle bewacht die Festungsstadt **Villefranche-de-Conflent** (▸ S. 98). Vom Engpass führt eine Stichstraße nach **Vernet-les-Bains,** dessen Quellen Rheuma und Bronchialerkrankungen lindern, und dann ebenfalls zum Weiler **Casteil.**

Original Himmelbett
Les Perles Catalanes
Eine Nacht mit Ausblick in den Sternenhimmel können Sie am Lac de Vinça in einer teils transparenten Schlafkugel verbringen. Sie steht auf einer Holzterrasse mit gebührendem Abstand zum Nachbarn und besitzt eine eigene Hütte mit Bad, Das üppige Frühstück wird morgens auf der Terrasse serviert, auf Wunsch auch ein Tapa-Menü am Abend (35 € für 2 Pers.).
Rue des Escoumes, Zugang über den Campingplatz, Vinça, T 06 71 97 63 16, www.lesperles catalanes.fr, 2 Pers. ab 120 € inkl. Frühstück

Raffiniert
Les Loges du Jardin d'Aymeric
Die Kreationen von Gilles Bascou locken Feinschmecker aus der gesamten Region in das Dörfchen am Canigou. Die Zutaten stammen aus regionalem Anbau und werden mit Sorgfalt ausgesucht. In dem schönen Anwesen stehen auch drei hübsche *chambres d'hôtes* für die Nacht bereit. Den Aufenthalt verschönt ein Garten mit Pool.
7, rue du Canigou, Clara, D 35 südl. von Prades, T 04 68 96 08 72, www.logesaymeric.com, DZ 76–86 € inkl. Frühstück, Restaurant Juli, Aug. Mo mittags, Sept.–Juni So abends, Mo geschl., Menü werktags mittags 20 €, sonst 32 € u. 46 €

Wandern und relaxen
Bains de St-Thomas
Nach einer Wanderung durch die **Gorges de la Carança** bei Thuès-entre-Vals oder in der **Réserve de Nyer** gibt es nicht Schöneres, als in den Außenbecken der Therme im 34–38 °C warmen Quellwasser zu entspannen. Sie können

sich hier aber auch den ganzen Tag
verwöhnen lassen.

Fontpédrouse, www.bains-saint-thomas.fr, tgl.
10–19.40 (Juli, Aug. bis 20.40) Uhr, 7 €

ⓘ Infos und Termine

OT: 10, pl. de la République, 66500
Prades, T 04 68 05 41 02, www.
prades-tourisme.fr.

Festival Pablo Casals: Ende Juli–Mitte
Aug., http://prades-festival-casals.
com. Der berühmte spanische Cellist
Pablo Casals rief 1950 in Prades, wo
er Zuflucht vor der Franco-Diktatur gefunden hatte, das angesehene Festival
klassischer Musik ins Leben.

Cerdagne ▭ B/C 19/20

**Westlich der Festungsstadt
Mont-Louis öffnet sich die Cerdagne. Die weite, von mächtigen Bergen gesäumte Hochgebirgsebene
badet mehr als 3000 Stunden im
Jahr in der Sonne. Diese fängt auch
der riesige Parabolspiegel des
Grand Four Solaire d'Odeillo zu
Versuchszwecken ein. Ganzjährig
locken Klima und Natur Aktivurlauber an. Mekka des Wintersports
in den Pyrénées-Orientales ist
Font-Romeu, wovon die Skilifte
und Bettenburgen rund um den Ort
zeugen. Dagegen konnten Eyne,
Llo und Err mit Bruchsteinhäusern
und romanischen Kirchlein ihren
traditionellen Charakter bewahren.**

Von Pop bis Barock

Kunstsinn lässt sich in **Font-Romeu** (▭
B 19; www.font-romeu.fr) wunderbar mit
einem Spaziergang durch das **Musée
sans Mur** verbinden. Im Kiefernwald
oberhalb des ehemaligen Grand Hôtel
versammelt es etwa 30 moderne Skulpturen. Der knapp einstündige Rundweg
streift auch einen wichtigen Pilgerort der
Pyrenäen, die **Ermitage Notre-Dame**
(im Sommer tgl. geöffnet). Die hier verehr-
te Madonnenstatuette (12. Jh.) thront
im Zentrum eines goldenen Barockaltar
von Joseph Sunyer. Er gestaltete auch die

hinter dem Altar gelegene bezaubernde
Kammer, den sogenannten *camaril*.

🏠 In Familienhand seit 1895
Hôtel Planes

Die alte Poststation in **Saillagouse** (▭
B 19) auf 1300 m Höhe steckt voller
Geschichten und Charakter. Wählen Sie
unbedingt eines der 19 Zimmer im Haupt-
haus, am besten ein Balkonzimmer mit
Blick in die Berge! Im gepflegten Speisesaal, den allerlei Jagdtrophäen zieren,
wird beste regionale Küche serviert! Die
Schweinebäckchen sind fantastisch! Park
und Pool in der Dependance.

6, pl. de Cerdagne, Saillagouse, T 04 68 04 72 08,
www.chezplanes.com, DZ ab 73 €, *soirée étape*
ab 79 €/Pers., Restaurant tgl. 12–14, 19.30–21
Uhr, Menü mittags 18 €, sonst 35 € u. 48 €

ⓘ Infos

OT: 1, pl. du Roser, 66800 Saillagouse,
T 04 68 04 15 47, www.pyrenees-
cerdagne.com.

14

Bollwerke im Conflent – **Villefranche und Mont-Louis**

Auf Geheiß Ludwigs XIV. umgab Vauban ganz Frankreich mit einem Festungsgürtel. Gleich zwei Bollwerke entstanden im Conflent, an der seinerzeit neuen Grenze zu Spanien: das Fort Liberia in Villefranche sowie Mont-Louis. Beide verbindet der Train Jaune – eine Bahnfahrt, die Sie keinesfalls versäumen sollten!

Über 500 Jahre schützte die Festungsstadt **Villefranche-de-Conflent** 1 die Grenze Aragóns vor französischen Übergriffen. Nach dem Pyrenäenfrieden 1659 wurde sie dann Teil des ›Eisernen Gürtels‹, mit dem Sébastien Le Prestre de Vauban Frankreichs Außengrenzen sicherte. Obwohl die Stadtmauern von Villefranche erhöht und mit sechs Eckbastionen verstärkt wurden, war die mittelalterliche Festung der Waffentechnik im 17. Jh. nicht mehr gewachsen. Daher ließ Vauban 1681 an der steilen Bergflanke oberhalb der Stadt zusätzlich das Fort Liberia errichten.

Doppelter Schutz

Zwei monumentale Tore, die **Porte de France** im Osten und die **Porte d'Espagne** im Westen, geben Einlass in die mittelalterliche Festungsstadt, die sich dem alltäglichen Ansturm der Touristen widerstandslos ergibt. Gepflegte mittelalterliche Häuser säumen die beiden Hauptachsen **Rue St-Jean** und **Rue St-Jacques,** in denen das Geschäft von Kunsthandwerksläden und Souvenirshops blüht.

Einen interessanten Einblick in die Militärarchitektur des 11. bis 17. Jh. vermitteln die **Remparts.** Auf den zwei übereinanderliegenden Galerien der Mauern könne Sie die Stadt in ca. einer Stunde umrunden. Ein ca. 20-minütiger Aufstieg führt von der Porte de France hinauf zum **Fort Liberia.** Ein Highlight auf dem Rückweg sind die **Mille Marches,** eine von Napoléon III. im 19. Jh. angelegte unterirdische Treppe. Es sind allerdings nicht 1000 *(mille)*, sondern ›nur‹ 734 Stufen.

Der Besuch der Festungstädte lässt sich mit einer Fahrt in dem einzigartigen **Train jaune** 1, der 2010 seinen 100. Geburtstag feierte, verbinden. In eineinviertel Stunden rumpelt die Schmalspurbahn mit maximal 55 km/h von Villefranche durch das Conflent nach Mont-Louis und muss dabei 1100 Höhenmeter überwinden. Die spektakuläre Bahntrasse führt über den 237 m langen **Viaduc de Séjourné** und den **Pont Gisclard,** der 80 m hoch über der Têt-Schlucht hängt.

Frankreichs höchste Festung

Vaubans Hauptbollwerk an der neuen französischen Südgrenze war jedoch nicht Fort Liberia, sondern das knapp 30 km entfernte **Mont-Louis** **2**. Auf einem Felsplateau in 1600 m Höhe, am strategisch wichtigen Schnittpunkt der Hochtäler von Conflent, Cerdagne und Capcir, fand Vauban den Idealplatz für eine Verteidigungsanlage, die zu Ehren des Sonnenkönigs den Namen Mont-Louis erhielt. In nur zwei Jahren entstanden nach 1679 eine befestigte Stadt mit schachbrettartigem Straßenraster sowie eine **Zitadelle** für 4000 Soldaten. Von hier aus hatte das Militär die Rivalin Puigcerdà auf spanischer Seite unter Kontrolle.

Noch heute ist Mont-Louis Garnisonsstadt, denn die Zitadelle dient seit 1964 als Militärakademie. Führungen erlauben Zivilisten, einen Blick hinter die Kulissen zu werfen. Auf der Stadtbefestigung befindet sich der Parabolspiegel eines 1949 installierten **Four Solaire.** Das Prinzip dieses Solarkraftwerks und dessen Nutzung werden hier anschaulich erklärt.

Fort Liberia erstreckt sich über drei Ebenen, die durch Treppen und Wehrgänge miteinander korrespondieren.

INFOS/ÖFFNUNGSZEITEN

Besichtigung und Bahnfahrt: 1 Tag
Internet: www.sites-vauban.org
Villefranche **1**: **Remparts,** 2, rue St-Jean, www.tourisme-canigou.com, tgl. Juli, Aug. 10–20, Juni, Sept. 10–19, April, Mai, Okt. 11–18, Feb., März, Nov., Dez. 13–17 Uhr, 4,50 €, bis 10 J. frei. **Fort Liberi,** www.fort-liberia.com, tgl. Juli, Aug. 9–20, Mai, Juni 10–19, Sept.–April 10–18 Uhr, 7 €, inkl. Taxi-Zubringer 11 €, 5–11 J. 4 € bzw. 5,50 €
Mont-Louis **2**: www.mont-louis.net; Führungen durch die Zitadelle Juli, Aug. Mo–Sa 10, 11, 14, 15, So 10, 14, April–Juni Mo–Sa, Sept.–März Mo–Fr 11, 14 Uhr, 6,50 €; Four solaire Mitte April–Okt. tgl. mehrere Vorführungen.
Train jaune **1**: T 0800 88 60 91, Fahrplan unter www.ter.sncf.com/occitanie (Stichwort: Loisirs & Tourisme), Rückfahrt Villefranche–Mont-Louis ca. 22 €

KULINARISCHES FÜR ZWISCHENDRIN

Bevor Sie in den Train jaune steigen, geben in der **Crêperie La Forge d'Auguste** **1** (54bis, rue St Jean) eine Galette oder Salat neue Kraft. Für unterwegs aber unbedingt Wasser und einen Snack einpacken, denn die Schmalspurbahn besitzt keinen Speisewagen. Übrigens auch keine Toiletten!

··
IN DER UMGEBUNG
··

Sommers und winters

Nördlich von Mont-Louis erstreckt sich die Bilderbuchlandschaft des **Capcir** (🗺 B/C 18) mit Bächen, Almen und Kiefernwäldern. Auch hier boomt bei **Les Angels** und **Puyvallador** der Skitourismus. Wanderer finden vor allem rund um den **Lac des Bouillouses** ihr Revier. Besonders schön ist die dreistündige **Tour des Etangs,** die von der Staumauer zu den Seen am Fuß des Pic Carlit auf ca. 2000 m emporführt. Im Frühsommer blühen Enzian, Hahnenfuß und Zahnlilie, mit etwas Glück sind Mufflons zu sehen und die Pfiffe der Murmeltiere zu hören. Im **Parc Animalier des Angles** (www. faune-pyreneenne.fr, tgl. 9–17/18 Uhr, 15 €, 4–12 J. 13 €) kann man auf zwei Wanderwegen die heimischen Wildtiere in ihrem natürlichen Umfeld beobachten.
Info: www.pyrenees-catalanes.net

Céret 🗺 F/G 19

Das lebhafte Städtchen (7500 Ew.) ist bekannt für seine knackigen Kirschen, die frühesten in Frank- reich, und seine temperamentvollen Feste mit katalanischen Volkstänzen und Stierkämpfen. Am Ortsrand von Céret überspannt eine alte Steinbrücke (14. Jh.) in einem einzigen Bogen von 45 m Spannweite den Tech.

Mekka des Kubismus

Anfang des 20. Jh. entdeckten Pablo Picasso, Henri Matisse, Juan Gris, Max Jacob, Marc Chagall, Joan Miró und andere Künstler Céret, lebten und arbeiteten hier einige Zeit. Schenkungen von Picasso und Matisse sowie eines lokalen Sammlers führten 1950 zur Gründung des **Musée d'Art Moderne.** Seine hochkarätige Sammlung zeigt Strömungen der Moderne vom Kubismus über den Nouveau Réalisme bis zu Supports/Surfaces sowie zeitgenössische Entwicklungen.
8, bd. du Maréchal Joffre, www.musee-ceret. com, Juli–Sept. tgl. 10–19, Okt.–Juli Di–So 10–17 Uhr, 10 €, bis 12 J. frei

🏠 Idyllisches Landhaus am Tech
Le Mas Trilles

Weit und breit die schönste Unterkunft finden Sie in dieser qualitätvoll restaurierten Hofanlage außerhalb von Céret. Ihr

Viel zu schauen gibt es in Argelès-sur-Mer, wenn bei einer ›trobada‹ bunte katlanische Barken am Strand auflaufen und die Lateinersegel aufgetucht werden.

weitläufiger Garten mit lauschigen Sitzecken und Pool reicht bis ans Flussufer. Auf eine eigene Terrasse kann man daher gut und gerne verzichten und eines der preiswerteren Zimmer buchen.
Le Pont de Reynes, westl. von Céret, T 04 68 87 38 37, www.le-mas-trilles.com, DZ je nach Kategorie und Saison 85–229 €

❶ Infos und Termine
OT: 5, rue St-Ferréol, 66400 Céret, T 04 68 87 00 53, www.vallespir-tourisme.fr.
La Fête de la Cérise et Céret de Bandas: Ende Mai. Fest der Kirschen und der Musikkapellen.
Céret de Toros: Mitte Juli, www.ceret-de-toros.com. Corridas und Straßenfest.
Le Festival de Sardane: Ende Juli. Volkstanzfestival, Hunderte Teilnehmer.

IN DER UMGEBUNG

Waldreiches Grenztal
Parallel zum Tech schlängelt sich die D 115 durch das **Vallespir** hinauf zur französisch-spanischen Grenze. Kurz nach Céret passiert sie **Amélie-les-Bains** (🗺 F 19), ein etwas bieder wirkender Kurort mit vielen Hotels. Im früheren Industriestädtchen **Arles-sur-Tech** (🗺 F 19) lohnt die Benediktinerabtei **Ste-Marie** mit ihrem prächtigen gotischen Kreuzgang einen Besuch. Kurz hinter Arles werben Schilder für einen Besuch der **Gorges de la Fou.** Der Steg durch die etwa 2 km lange und an manchen Stellen gerade einmal 1 m breite spektakuläre Klamm ist nach einem Bergrutsch jedoch leider bis auf Weiteres gesperrt (www.gorgesdelafou.com).
Aus dem Tal klettert die D 3 hinauf nach **St-Laurent-de-Cerdans** (🗺 F 20), wo von ehemals einem Dutzend Manufakturen nur noch eine katalanische Stoffschuhe herstellt. Bei **Création Catalane** (chemin du Baynat d'en Pouly, www.espadrille-catalane.com) finden Sie sicherlich ein Paar *espadrilles* oder *vigatanes* nach Ihrem Geschmack. Den Baumwollstoff für die sommerlichen Treter fertigen nur wenige Schritte weiter seit 1873 die **Toiles du Soleil**

(av. Jean Jaures, www.toiles-du-soleil.com). Die Boutique verkauft neben farbenfroh gestreifter Meterware auch Bezüge, Tischwäsche, Taschen und allerlei hübsche Artikel aus Stoff. Letzter Ort an der D 115 vor der Grenze am **Col d'Arès** ist **Prats-de-Mollo** (🗺 E 20), das mit einer Kirche und dem von Vauban geplanten **Fort Lagarde** beeindruckt. Die Thermalquellen im 8 km entfernten **La Preste** sollen u. a. rheumatische Erkrankungen lindern.

🏨 Ausgezeichneter Dorfgasthof
Le Bellevue
Patricia Visellach sorgt im Hotel und Restaurant Bellavista für einen perfekten Service, während ihr Mann Denis in der Küche regionale Gerichte von ausgezeichneter Qualität zaubert. Die 17 Zimmer, einige mit kleinem Balkon, zeigen sich in modernem Design. Die begrünte Terrasse hinter dem Haus lädt zu einem Sonnenbad ein.
Pl. du Foirail, Prats de Mollo la Preste, T 04 68 39 72 48, www.hotel-le-bellevue.fr, Mitte Feb.–Nov., DZ 70–92 €, Menü 25 €, 34 €, 49 €

❶ Infos und Termine
Procession de la Sanch: Karfreitag abends in Arles-sur-Tech.
Fête de l'Ours: Feb., Jagd auf den ›Bären‹ in Arles-sur-Tech, St-Laurent-de-Cerdans und Prats-de-Mollo.

Argelès-sur-Mer

🗺 H 19

Das lebhafte katalanische Landstädtchen (10 000 Ew.) am Fuße der Albères-Berge lebt vom Weinbau und natürlich vom Tourismus. 200 000 Gäste kommen jährlich nach Argelès-Plage, das dennoch eine familiäre Atmosphäre bewahren konnte. Hier mündet die Sandküste des Languedoc-Roussillon in die felsige Côte Vermeille. Mit etwa 60 Terrains ist Argelès die Camping-Hochburg an der französischen Mittelmeerküste.

🏠 Blau wie das Meer
Le Fanal

Sympathisches kleines Hotel am Racou-Strand, dem schönsten und familiärsten von Argelès gleich unterhalb der Felsenküste. 14 freundlich eingerichtete Zimmer in Blautönen und Weiß. Natürlich sind die Balkonzimmer mit Strandblick immer am schnellsten ausgebucht. Im Erdgeschoss befindet sich das hauseigene Restaurant.

50, av. Torre d'en Sorre, T 04 68 81 00 16, www.fanal-racou.com, April–Sept., DZ ab 75 €

🌀 Strände

Am Fuß der Pyrenäen erstrecken sich auf 7 km feine Sandstrände: **Plages du Nord, Plage des Pins, Plage du Sud** und am Anfang der Felsenküste **Le Racou.** Zur Abwechslung tragen vielfältige Wassersportangebote bei.

❶ Infos

OT: Pl. de l'Europe, 66700 Argelès-Plage, T 04 68 81 15 85, www.argeles-sur-mer. com. Wanderer bekommen hier einen Führer mit zehn Touren im Forêt de la Massane.

Mit acht kurzen, langsamen Schritten im Wechsel mit 16 langen, schnellen Schritten – Sinnbild von Nacht und Tag – bewegen sich die Tänzer der *sardane* einander an den Hände haltend im Kreis. Das Tempo gibt die *cobla* vor, ein aus zwölf Instrumenten bestehendes Orchester. Im Sommer finden sich die Menschen auch oft spontan auf den Dorf- und Stadtplätzen im Roussillon zu diesem Reigentanz zusammen. Es ist ganz einfach, reihen Sie sich ein! Das Franco-Regime verbot den Volkstanz wie alle anderen Symbole einer regionalen Identität. Die Katalanen tanzten daraufhin umso entschlossener im Kreis.

Perle der Romanik

Schon von Weitem weckt **Elne** (🗺 H 18) mit dem massigen Glockenturm von **Ste-Eulalie** das Interesse. Das Gotteshaus erinnert daran, dass Elne ab dem 6. Jh. über einen Zeitraum von 1000 Jahren Bischofssitz war. Ein absolutes Muss für Freunde der Romanik ist der vollkommen erhaltene Kreuzgang. Die kunstvoll gearbeiteten, mit Pflanzen- und Tiermotiven sowie Bibelszenen ausgestalteten Kapitelle sind ein beeindruckendes Zeugnis des Stilwandels, den die Bildhauerkunst zwischen dem 12. und 14. Jh. vollzog.

Pl. de l'Eglise, www.ville-elne.fr, Mai–Sept. tgl. 10–12.30, 14–18.30, Okt.–April Di–So 10–12.30, 14–17 Uhr, 4,50 €, bis 12 J. frei

Collioure 🗺 H 19

Tief im Süden liegt das mit Abstand schönste Küstendorf des Languedoc-Roussillon (3000 Ew.). Die malerische Kulisse mit Fort und Wehrkirche, mit den engen Gassen der Altstadt und den bunten katalanischen Barken vor dem glitzernden Blau des Meeres mobilisiert die Touristen in Scharen. Wer es einrichten kann, sollte in der stilleren Jahreszeit kommen. Denn dann ist am ehesten die Faszination nachzuvollziehen, die das Fischer- und Bauerndorf Anfang des 20. Jh. auf berühmte Maler wie Matisse und Derain ausübte. Die Arbeiten dieser sogenannten ›Wilden‹ zeigt der Chemin du Fauvisme am Fuß des Château Royal.

Gut bewacht

In der Bucht von Collioure errichteten die Könige von Mallorca ihre Sommerresidenz (1276–1344). Nach dem Pyrenäenfrieden (1659), durch den Collioure an die französische Krone fiel, baute der königliche Festungsbaumeister Vauban das ehemalige **Château Royal** (Juli,

Am nördlichen Zipfel der Bucht von Collioure steht die Pfarrkirche Notre-Dame-des-Anges (1648–91) mit den Füßen fast im Wasser. Der rund gemauerte Glockenturm mit der markanten rosa Haube stammt noch aus dem Mittelalter und diente urspünglich als Leuchtturm des alten Hafens.

Aug. 9.30–18.30, April–Juni, Sept., Okt. 10–18, Nov.–März 9–17 Uhr, 4 €, bis 12 J. frei) als Bastion aus. Heute finden hinter den imposanten Mauern diverse Kulturveranstaltungen statt.
In einem gut 30-minütigen Fußweg ab Collioure ist **Fort St-Elme** zu erreichen, das auf hohem Fels wacht (Zufahrt ab Port-Vendres, www.fortsaintelme.fr, tgl. April–Sept. 10.30–19, Feb., März, Okt.–Mitte Nov. 10.30–17 Uhr, 7 €, 6–18 J. 4 €). Das 360°-Panorama ist gigantisch. Aufgrund der strategisch wichtigen Position stand die Festung, deren Ursprung auf das 9. Jh. zurückgeht, oft im Mittelpunkt der Grenzstreitigkeiten. Im Zweiten Weltkrieg wurde sie von den Deutschen okkupiert. Im Innern sind eine Waffensammlung und Ausstellungen zur Militärarchitektur zu sehen.

🏠 An der Steilküste
L'Arapède
Zwar liegt das Hotel ca. 2 km von Collioures Zentrum entfernt an der Küstenstraße nach Port-Vendres, aber dafür in einzigartiger Lage. Sogar eine Sonnenterrasse mit Pool und Meerblick ist vorhanden. 22 hübsche Zimmer mit schönster Aussicht aufs *grande bleue* oder auf die Felsküste. Wer zu bequem ist, abends zum Essen in den Ort zu laufen, speist sehr gut im hauseigenen Restaurant La Teranga.
Rte. de Port-Vendres, T 04 68 98 09 59, www.arapede.com, April–Okt., DZ ab 95 € inkl. Frühstück, kostenlose Parkmöglichkeit

🍷 Eine Institution
Les Templiers
Anfang des 20. Jh. bewirtete Familie Pous die Maler, die nach Collioure kamen, und René Pous wurde zum leidenschaftlichen Kunstsammler. Im urigen Schankraum hängen dicht an dicht Werke von Matisse, Picasso, Dufy … – natürlich keine Originale! Die Gemäldegalerie setzt sich in den Fluren des Hotels fort. Die Zimmer sind teils ein wenig altbacken und recht laut. Zum Essen lockt die große Terrasse am Kai mit Blick auf das Château Royal, abends ist die Bar ein beliebter Treffpunkt.
12, quai de l'Amirauté, T 04 68 98 31 10, http://hotel-templiers.com, DZ ab 70 €, Restaurant Okt.–März Di, Mi geschl., Menü ab 20 €

Sinfonie aus Licht und Farbe – **Côte Vermeille**

Tief im Süden liegt eine der schönsten Küsten Frankreichs. Schmale Buchten schmiegen sich an steile Felsklippen, die zwischen dem Blau des Himmels und des Meeres einen rostroten Trennstrich ziehen. Weinfelder, Korkeichen und Pinien setzen Akzente in Grün, während die Küstenstädtchen in Pastelltönen schimmern.

Am westlichen Rand von Collioure schwingt sich die **Route des Crêtes** (D 86) empor Richtung Tour de Madeloc. Die steilen Schieferhänge sind durch Trockenmauern in Terrassen gestuft, auf denen die Appellationsweine von Collioure und Banyuls reifen. Zwischen den kultivierten Parzellen wuchert Buschwerk, gruppieren sich Korkeichen und Pinien zu kleinen Wäldchen.

Alles im Blick

Nach ca. 3 km Fahrt zweigt links ein Weg zur **Ermitage Notre-Dame-de-Consolation** **1** ab, die ein beliebtes Wanderziel ab Collioure ist. Die **Route des Crêtes** schraubt sich weiter aufwärts durch zunehmend schroffere Landschaft zum **Col de Mollo** (231 m). Kurze Zeit später passiert die Straße eine Orientierungstafel und die Ruine einer Kaserne aus dem 19. Jh. Hier bleibt das Auto stehen und weiter geht es zu Fuß in ca. 90 Minuten zur **Tour Madeloc** **1** und zurück. Sie gehörte zu einem Netz von Signaltürmen *(tours de guet)*, die Jakob II. von Mallorca zur Sicherung seines Königreichs errichten ließ.

Eine explosive Idylle

Durch Terrassen mit Rebstöcken stößt die Straße hinab nach **Banyuls,** das für den berühmten Süßwein namensgebend ist. An der palmengesäumten Uferstraße mit sichelförmigem Strand und Jachthafen umwirbt der Ort die Sommerurlauber.

Auf der **Route de la Corniche** nach Norden kommt bald ein Hinweis zur **Anse de Paulilles.** Lange Zeit war diese idyllische Bucht eine No-go-

*Nein, hier handelt es sich nicht um ein Trauben-Spa für müde Beine. Beim Weinlesefest dürfen Kinder wie anno dazumal Trauben keltern. Einblicke in den Weinbau an der Felsküste gibt der **Cellier des Templiers** 🛈 am oberen Ortsrand von Banyuls. Ein 15-minütiger Film lüftet die Geheimnisse des natursüßen Banyuls. Die Führung ist zwar gratis, aber die abschließende Verkostung verlässt kaum jemand ohne ein Fläschchen für den heimischen Weinkeller.*

Von der Route des Crêtes ergeben sich immer wieder spektakuläre Blicke: tief unten das blaue Meer und die roten Dächer von Collioure.

Area; hier wurde bis 1984 Dynamit produziert. Heute ist das ehemalige Fabrikgelände mit seinen drei Stränden ein beliebtes Ausflugsziel. Die **Maison du Site de Paulilles ②** informiert über die Ortsgeschichte. In einer kleinen Werft werden original katalanische Fischerboote restauriert.

Nach dem Bad ist schnell **Port-Vendres** erreicht. Ein kurzer Bummel führt über die quirlige Promenade entlang der großen Marina im Ortskern. Am Ende der Rundfahrt ergeben sich letzte Bilderbuchblicke, doch es fehlt die Parkmöglichkeit fürs Selfie mit Collioure als wunderschöner Kulisse.

INFOS/ÖFFNUNGSZEITEN

Rundfahrt: 1 Tag inkl. Wanderung/Bad
Ausrüstung: festes Schuhwerk und Badesachen
Cellier des Templiers 🔒**:** Rte. du Mas Reig, Banyuls, www.terresdestempliers.fr, April–Okt. tgl. 10–19.30, Nov.–März Mo–Fr 10–13, 14.30–18.30 Uhr
Maison du Site de Paulilles ②: http://espacesnaturels66.fr/ansede paulilles

---

KÜSTENWANDERUNG

Der **Sentier du littoral** erlaubt es, die gesamte Küste zu erwandern. Ein sehr schönes Wegstück führt von Port-Vendres über das aussichtsreiche **Cap Béar ③** zur Anse de Paulilles (ca. 10,5 km, 4 Std.). Buslinie 540 bringt müde Beine zurück zum Startpunkt (Businfo: https://lio.laregion.fr).

KULINARISCHES FÜR ZWISCHENDRIN

Nirgendwo sind Fisch und Meeresfrüchte so frisch wie in der Bar à Huîtres der **Poissonnéries de la Côte Catalane ①** (www.cotecatalane.com, ganzjährig Di–So geöffnet) im Fischereihafen von Port-Vendres. In der Markthalle im Erdgeschoss können Sie aber auch für ein Picknick in der Anse de Paulilles einen Korb mit Delikatessen aus dem Meer füllen.

Côte Vermeille

Wenn es an der Côte Vermeille grau und stürmisch wird, gehört die Bucht von Collioure allein den Wellenreitern.

🍷 Wein

In der Altstadt bitten die Probierstuben einiger *domaines* zu Verkostung und Verkauf des natursüßen Banyuls sowie der Weine (meist rot) der Appellation Collioure. Eine gute Auswahl finden Sie auch bei der Winzervereinigung von Collioure im **Cellier Dominicain** (pl. Orphila, http://cellierdominicain.com, Mo–Fr 9–12.30, 13.30–18.45, So 10–13, 15–18.45 Uhr).

FISCHKONSERVEN

Ein kleiner Fisch ist seit jeher der Stolz der Colliourencs und gab früher dem halben Ort ein Auskommen: die Sardelle. Die *anchois* wurden traditionell mit kleinen Barken nachts im Schein von Lampen gefangen und dann eingelegt. Heute stellen noch zwei Häuser die feinen Fischkonserven her: **Anchois Roque** (www.anchois-roque.com) und **Anchois Desclaux** (www.anchoisdesclaux.com), beide nahe dem Ortszentrum an der Route d'Argelès.

🏖 Strände

Mehrere kleine Sand-Kies-Strände im Ort sowie in den Buchten der Felsenküste außerhalb von Collioure.

ⓘ Infos und Termine

OT: Pl. du 18 Juin, 66190 Collioure, T 04 68 82 15 47, www.collioure.com. U. a. Wanderinfos für die Côte Vermeille.
Bahn/Bus: Mehrmals tgl. nach Perpignan und zum Grenzbahnhof Cerbère.
Pkw: Kostenpflichtige Parkplätze am Quai de l'Amirauté/Glacier (im Sommer überfüllt); außerhalb an der Route du Pla de las Fourques beim Fort Miradoux (ca. 10 Min. Fußweg) und am Cap Dourats (2 km, Mai–Sept. Pendelbusse gratis).
Procession de la Sanch: Karfreitag ab 21 Uhr durch die Altstadt.
Fête de la St-Vincent: 14.–18. Aug. Stadtfest mit Tanz und Musik, am 16. Aug. abends spektakuläres Feuerwerk.

Banyuls 🗺 J 19

Das Küstenstädtchen (4600 Einw.) liegt geschützt in einer weit geschwungenen Bucht zwischen Cap

Oullestreil und Cap l'Abeille. Vom Ortszentrum am Hafen klettern seine Häuser weit den Taleinschnitt empor. Auf den umliegenden Terrassen gedeihen die Trauben, aus denen der berühmte natursüße rote Banyuls-Wein gekeltert wird.

Schöne Frauenkörper
Frauenskulpturen mit üppigen Rundungen, die verschiedene Plätze im Roussillon zieren, sind das Markenzeichen von Aristide Maillol (1861–1944). Jedes Jahr verbrachte der Bildhauer und Maler mehrere Monate in seiner Heimatstadt Banyuls. In der **Métairie de Maillol,** seinem Sommerhaus im Vallée de la Roume am oberen Ortsrand, sind ca. 30 seiner Arbeiten zu sehen. Im Garten fand der Künstler unter dem Sockel der »Méditerranée« seine letzte Ruhe.
Rte. des Mas, Di–So 10–12, 14–17, Juli, Aug. bis 18 Uhr, 5 €

Im Wasser und an Land
Das glasklare, tiefe und fischreiche Wasser direkt vor der Küste von Banyuls führte bereits 1881 zur Einrichtung des **Laboratoire Aragon,** eines wichtigen Forschungszentrums für Meeresbiologie. Angeschlossen ist das **Biodiversarium** mit einem **Aquarium** am Hafen und dem **Jardin méditerranéen** auf dem Mas de la Serre. Ein Besuch beider Einrichtungen macht sowohl mit der Unterwasserwelt im Golfe du Lion als auch mit der Flora an seinen Ufern bekannt.
1, av. Pierre Fabre, www.biodiversarium.fr, aktuelle Öffnungszeiten im Internet abfragen

🍷 Weinbar in zweiter Reihe
El Xadic del Mar
Wer vermisst schon den Meerblick, wenn Essen und Trinken die Sinne beansprucht. Manu, der Patron, ist ein Verfechter der authentischen Küche und intimer Kenner der hiesigen Weingüter. Die Bar, die mir Jean-Clair von Aléoutes Kayak Mer empfohlen hat, erinnert an das Restaurant des Hobbydetektivs Perez in den Banyuls-Krimis. Und tatsächlich holte sich Werner Köhler, alias Yann Sola, hier Inspiration. Reservierung ratsam!

11, av. du Puig-del-Mas, Banyuls, T 04 68 88 89 20, Öffnungszeiten unregelmäßig, Tapas ab 6 €

🍽 Ferien pur
Clos de Paulilles
Ein traumhafter Platz mitten in den Weinfeldern und dennoch keine 50 m vom Strand entfernt. Der Gesang der Zikaden und das Meeresrauschen bilden die perfekte Hintergrundmusik beim Essen. Das moderne Design von Terrasse und Saal lenkt nicht von der Natur rundum ab. Auf der Karte nur eine kleine Auswahl an Vorspeisen und Hauptgerichten: Alles wird frisch zubereitet und stammt aus lokalem Anbau. Die Weine kommen von der hauseigenen Domaine de Cazes.
Baie de Paulilles, Port-Vendres, T 04 68 81 49 79, www.lesclosdepaulilles.com, April–Okt. tgl. mittags und abends, Menü 39 € u. 49 €

IN DER UMGEBUNG

Blaue Impressionen
Über die **Route de la Corniche** sind es nur 10 km bis zum Grenzort **Cerbère** (📖 J 19), aber die haben es in sich. Selbst bei wenig Verkehr erlauben die unzähligen Kurven kein hohes Tempo, geben aber dem Beifahrer genügend Zeit zum Schauen. In aller Ruhe genießt auch der Fahrer das Küstenpanorama vom **Cap Réderis** aus: Die Sicht reicht hier bis zum Cabo de Creu in Spanien.
Vor der Küste wurde 1974 die 650 ha große **Réserve Marine de Cerbère-Banyuls** geschaffen, die ein Eldorado für Unterwassersportler darstellt. Eine Taucherbrille genügt, um überall die reiche Meeresfauna an der Felsenküste zu beobachten. An der **Plage de Peyrefite** erklärt der *sentier sous-marin* das vielfältige Ökosystem. Die Ausrüstung zum Schnorcheln kann man hier im Juli und August auch leihen. In der Hochsaison verscheuchen allerdings zu viele Besucher die Fische. Vom Wasser aus kann man die Küste bis Banyuls auf einer geführten Paddeltour mit **Aléoutes Kayak Mer** (T 04 68 88 34 25, https://kayakmer.net) erkunden. Eine Schnorchelpause ist dabei vorgesehen.

Hin & weg

Mit dem Flugzeug
2020 bediente Ryanair nur noch die Linie zwischen Düsseldorf/Weeze und Béziers. Darüber hinaus gab es Direktflüge von Deutschland aus zu den Flughäfen von Marseille und Toulouse, teils mit Lufthansa.

Mit Bahn oder Bus
TGV: Mehrmals täglich verkehrt der TGV zwischen Paris (Gare de Lyon) und dem Süden (Nîmes 3 Std./Perpignan 5 Std.). Auch von Brüssel via Lille, von Metz und Straßburg via Dijon sowie von Genf via Lyon bestehen TGV-Verbindungen ins Languedoc.
Fernbus: Wer viel Zeit und Geduld hat, fährt mit Flixbus von München nach Montpellier.

Mit dem Auto
Maut: Die Benutzung der französischen Autobahnen ist gebührenpflichtig *(péage)*, ermöglicht aber das schnellste Vorankommen. Die Fahrt in den Süden kostet knapp 60 €. Die Gebühr ist an Automaten per Bargeld zu entrichten. Schneller geht es meist an den Kreditkarten-Automaten (CB), die Geheimnummer wird dabei nicht abgefragt.
Strecke: Eine landschaftlich reizvolle Alternative zur A 9 durchs Rhône-Tal stellt die A 75 (Clermont-Ferrand – Béziers) dar, die über den spektakulären Viaduc de Millau führt. Man erreicht sie über Paris oder von Lyon aus.
Staugefahr: Die gebührenfreien Abschnitte (Toul – Luxemburg, Autobahnring Lyon), aber auch die A 9 zwischen Lyon und Orange sind immer stark frequentiert. Meiden sollten Sie die Wochenenden in der Ferienzeit (Juli/Aug.) sowie die verlängerten Wochenenden um den 1. und 8. Mai, an Christi Himmelfahrt und Allerheiligen.
Umweltzonen: Seit 2016 gibt es sie auch in Frankreich. Wer durch Lyon fährt, muss ggf. eine Plakette beantragen. Aktuelle Infos: www.crit-air.fr/de.

Einreise- und Zollbestimmungen
Ausweispapiere: EU-Bürger und Schweizer – auch minderjährige Reisende – benötigen Personalausweis bzw. Identitätskarte.
Zollbestimmungen: Waren zum persönlichen Gebrauch (bis zu 800 Zigaretten, 90 l Wein, 10 l Spirituosen) können EU-Bürger zollfrei mitführen. Für Schweizer Bürger gelten folgende Grenzen: 250 Zigaretten, 5 l Wein und 1 l Spirituosen mit über 18 % Alkohol.

http://de.france.fr/de: Die Hompepage des Französischen Fremdenverkehrsamtes beantwortet u. a. reisepraktische Fragen und stellt Links zu den Regionen her.
www.tourismusoccitanie.de: Das regionale Fremdenverkehrsamt stellt die gesamte Region Occitanie vor und ist Begleiter in allen touristischen Fragen.
www.destinationsuddefrance.com: Die Vermarktungsgesellschaft der Region gibt auch viele Tipps zur Urlaubsgestaltung (auch Deutsch).
www.laregion.fr: Die offizielle Website der Region Occitanie wendet sich in erster Linie an die Bevölkerung, aber auch Touristen finden hier viel Wissenswertes sowie Aktuelles aus Wirtschaft und Politik (nur Französisch).
www.audetourisme.com: Tourismusportal des Département Aude. Infos über Narbonne, die Küste, Carcassonne, Canal du Midi, Corbières und Katharerburgen (Französisch, Englisch).
www.tourismegard.com: Tourismusportal des Gard. Infos über Nîmes, Uzès, Pont du Gard, Rhône-Tal, Camargue Gardoise, Cevennen (Französisch, Englisch).
www.destination-languedoc.de: Tourismusportal Hérault. Infos über

Montpellier, Béziers, Sète, Etang de Thau und die Küste, Hérault-Tal, Haut-Languedoc, Minervois.
www.tourismus-mittelmeer pyrenaen.de: Tourismusportal der Pyrénées Orientales (kurz: PO). Infos über Perpignan, Collioure, Côte Vermeille und Ost-Pyrenäen mit Cerdagne, Conflent, Vallespir, Capcir.

KLIMA UND REISEZEIT

Laut Statistik scheint an der Küste des Languedoc an 300 Tagen im Jahr die Sonne. Doch insbesondere im bergigen Hinterland sind Regentage auch im Sommer keine Seltenheit. Sehr heiß wird es überall im Juli und August. Selbst die sonst kühlen Winde Mistral bzw. Tramontane bringen dann kaum Erfrischung. Der Herbst ist die Periode der Stürme sowie plötzlicher, äußerst heftiger Regenfälle – Überschwemmungsgefahr inklusive. Mit durchschnittlich 13 °C gibt sich der Winter an der Küste zwar mild, aber längere Regenperioden sind keineswegs ungewöhnlich.
Wer nicht an die Schulferien gebunden ist, sollte für **Juli und August** keinen Urlaub am Meer planen: Die Strände sind überlaufen, die Unterkünfte oft ausgebucht und überteuert. Wenngleich in diesen Monaten auch im Hinterland die touristischen Attraktionen stark frequentiert werden, so ist es möglich, im Haut-Languedoc, in den Corbières und in den Pyrenäen abseits der Touristenpfade einen ruhigen und naturnahen Urlaub zu verbringen.
Die schönsten Reisemonate sind **Mai, Juni** und **September:** Die Temperaturen sind moderat, das Meer erreicht im Mai Badetemperatur und hält diese bis in den Oktober, die touristische Infrastruktur ist voll funktionsfähig, Sehenswürdigkeiten und Strände sind nicht überlaufen. Selbst im **März/April** und **Oktober/November** sind die Wetterbedingungen oft ideal für Wanderungen und Radtouren.
Von **Allerheiligen bis Ostern** verwaisen die Badeorte, viele touristische

Einrichtungen sind außerhalb der Städte nur eingeschränkt geöffnet oder komplett geschlossen.

SPORT & AKTIVITÄTEN

Baden
An dem 180 km langen Küstenabschnitt zwischen der Camargue und der Côte Vermeille reiht sich **Sandstrand** an Sandstrand. Augedehnte unbebaute Strandabschnitte finden Sie an der Pointe de l'Espiguette, auf den Lidos bei Maguelone und Sète sowie bei Valras, Gruissan und Canet. An der Côte Vermeille, am Fuß der Pyrenäen, laden kleine Buchten mit Sand-Kies-Stränden zum Baden ein.
Die **Wasserqualität** wird in der Saison regelmäßig überprüft. Über die Ergebnisse informieren Fremdenverkehrsbüros oder Hafenmeistereien. Beanstandungen gab es in den vergangenen Jahren selten. In den Sommermonaten sind weite Strandabschnitte **überwacht.** Grüne Flagge bedeutet ›Baden ungefährlich‹, gelb ›Baden gefährlich‹, rot ›Baden verboten‹. Alle Badeorte bieten ein breit gefächertes Sport- und Freizeitangebot für alle Altersgruppen.

Bootsurlaub
Der Canal du Midi, der Canal du Rhône-à-Sète und der Canal de la Robine stehen den Freizeitkapitänen zur Verfügung. Bei der gemächlichen Fahrt mit einem Hausboot kommt der Kreislauf immer dann in Schwung, wenn eine der zahlreichen Schleusen zu passieren ist. Über einen Bootsurlaub informiert die Website des regionalen Fremdenverkehrsamts (Stichwort: Besuchen Sie/ Wanderungen und Ausflüge/Mit dem Schiff).

Kanu, Kajak, Canyoning
An Gardon, Hérault, Orb und Aude sowie an den Kanälen in der Camargue werden vom Frühjahr bis in den Herbst an vielen Stellen **Kanus und Kajaks** vermietet. Zur Ausrüstung gehören neben Boot und Paddel eine Schwimm-

weste, ggf. eine Routenskizze sowie wasserdichte Behälter für Proviant. In der Bootsmiete ist der Rücktransport zumStartpunkt enthalten. Mai und Juni sind die besten Monate für Touren.
Im Sommer und Frühherbst führen die Flüsse oft zu wenig Wasser, können aber auch nach Gewittern blitzschnell zu reißenden Wildwassern anschwellen. Bei gefährlich hohem Wasserstand wird der Bootsverleih eingestellt. **Rafting-Touren** werden auf wilderen Gewässerabschnitten angeboten. Die Schluchten in den Pyrénées Orientales eignen sich bestens für das adrenalinsteigernde **Canyoning**, das Elemente von Klettern, Schwimmen und Tauchen verbindet. Info und Reservierung: www.france-rivieres. fr/fr/occitanie und www.canoe-france. com.

Klettern

Das zerklüftete Relief der Cevennenausläufer ist ein Paradies für Kletterbegeisterte. Über Kletterspots sowie über Veranstalter informiert außer den Fremdenverkehrsämtern die Fédération Française de la Montagne et de l'Escalade (www.ffme.fr).

Radfahren

Stets sind auf den Straßen Südfrankreichs viele Radsportbegeisterte unterwegs. Für die private Tour de France empfehlen sich die weniger befahrenen Nebenstraßen und befestigten Feldwege sowie die ehemaligen Treidelpfade an den Kanälen. Aber auch das Netz der Radwege, der sogenannten *voies vertes,* wächst ständig (Infos: www.af3v.org). Gute Wegbegleiter für Radfahrer sind die IGN-Karten im Maßstab 1:100 000. Rennräder, vor allem aber Mountainbikes *(vélo tout terrain – VTT)* und zunehmend E-Bikes gibt es vielerorts zu mieten.

Reiten

1200 km markierte Reitwege, u. a. der *transéquestre,* ermöglichen die Erkundung der Region zu Pferd. An der Küste und im Hinterland organisieren die *centres equestres* Ausritte von einigen Stunden bis zu mehreren Tagen. Auf den Reiterhöfen in der Camargue werden sogar die Reittechniken der *gardians* (Viehhirten) vermittelt. Infos zu Reiterhöfen, Kursen und Veranstaltungen gibt www.terre-equestre.com.

SICHERHEIT UND NOTFÄLLE

Autoaufbrüche *(vol à la roulotte)* sind durchaus ein Problem. Daher gilt selbst für eine kurze Pause: Das Fahrzeug absperren, Fenster und Schiebedach schließen, keine Wertgegenstände sichtbar liegen lassen. Nachts sowie an einsamen Wanderparkplätzen nichts im Wagen zurücklassen! Am besten gewährt man freie Einsicht in den leeren Kofferraum. Eine sichtbare Wegfahrsperre empfiehlt sich, um potentielle Autoknacker abzuschrecken.
Beim Stadtbummel, auf Märkten oder bei Veranstaltungen sind die üblichen Vorsichtsmaßnahmen gegen Taschendiebe zu beachten.
Autoaufbrüche und Diebstähle müssen Betroffene bei der Gendarmerie zu Protokoll geben, wenn sie bei ihrer Versicherung eine Schadensregulierung beantragen möchten.

Wichtige Notrufnummern
Krankenwagen, Polizei, Feuerwehr: T 112
Pannendienst ADAC: T +49 89 22 22 22
Kartensperre: T +49 116 116, www.sperr-notruf.de (Ausweis, Bank, Telefon)
Diplomatische Vertretungen: Deutschland, T 01 53 83 45 00, www. allemagneenfrance.diplo.de; Österreich, T 01 40 63 30 63, www.bmeia.gv.at; Schweiz, T 01 25 55 67 00, www.eda.admin.ch

---

Segeln

Die einmaligen Wetterbedingungen mit viel Wind und Sonne machen das Languedoc zum Eldorado für Segler. Regelmäßig werden vor der Küste und auf dem Etang de Thau Segelwettbewerbe ausgetragen. Am Meer, aber auch an den Etangs und den Seen im Hinterland gibt es zahlreiche Vercharterer, Segelschulen und Segelclubs. Die Jüngeren üben sich zunächst auf Optimisten. Ältere Kinder und Erwachsene werden auf Jollen und Katamaranen geschult oder lernen, eine Jacht zu manövrieren. Info: www.ffvoileoccitanie.net.

Speläologie

Einige Outdoor-Veranstalter bieten unter dem Stichwort *spéléo* den Einstieg in nicht öffentlich zugängliche Höhlen an. Listen der Veranstalter halten die Fremdenverkehrsämter bereit, kompetenter Ansprechpartner ist die Fédération Française de Spéléologie (http://ffspeleo.fr).

Surfen, Kitesurfen, Stand up Paddling

Insbesondere die Etangs eignen sich hervorragend für die ersten Surfversuche. Der Etang de Mateille bei Gruissan ist ausschließlich **Surfern** vorbehalten. Fortgeschrittene kommen in Narbonne-Plage am Fuße der Montagne de la Clape, in Port-Barcarès und in Argelès auf ihre Kosten. Aber Achtung! Die teils starken ablandigen Winde können auch erfahrenen Surfern gefährlich werden. Surfkurse und Materialverleih werden in allen Strandorten angeboten. Für die Qualität der Schulen bürgt das Label der Fédération Française de Surf (www.surfingfrance.com).
Immer mehr Anhänger findet das **Kitesurfen,** das an über einem Dutzend Spots ausgeübt werden kann. Kurse und Materialverleih bieten die *écoles de kite* zwischen Port-Camargues und St-Cyprien (https://prokite.fr).
Viele Surf- und Kitezentren haben **Stand up Paddling** im Programm. Aber auch an den Kanälen oder in Häfen werden SUP-Boards verliehen.

Wandern

Mehr als 6300 km ausgewiesene Wanderwege machen das Languedoc zu einem Paradies für Wanderer. Die Region überzieht ein dichtes Netz von gelb markierten **Tages- und Halbtagestouren** *(chemins de petites randonnées – PR).* Viele Offices de Tourisme verkaufen Wegbeschreibungen und Karten der örtlichen Wege. Die sogenannten *rando-fiches* gibt es allerdings nur auf Französisch. Die Fédération Française de la Randonnée Pédestre stellt die schönsten Routen der Region und der Départements in ihren »TopoGuides: … à Pied‹‹ vor, die im örtlichen Buch- und Zeitschriftenhandel oder über das Internet vertrieben werden (www.ffrandonnee.fr).
Mehrere **Fernwanderwege** *(chemins de grandes randonnée – GR)* durchqueren ebenfalls das Languedoc-Roussillon. Sie sind nummeriert und rot-weiß gekennzeichnet. Drei der Fernwanderwege folgen den mittelalterlichen Pilgerrouten: Via Podiensis (GR 65), Via Tolosana (GR 653) und Chemin de Régordane (GR 700). Zur Orientierung sind die **Wanderkarten** des Institut Géographique National (www.ign.fr) im Maßstab 1:25000 sehr zu empfehlen.

Wellness

Die Occitanie ist mit 28 Stationen die wichtigste **Thermalregion** Frankreichs. In den Küstendépartements laden zehn anerkannte Bäder ein zu Kuren und Spa. Die Kurbäder sind fast immer am Namenszusatz ›les-Bains‹ zu erkennen (www.tourisme-occitanie.com/thermalisme-et-bien-etre/cures-thermales). An der Küste verwöhnen mehrere Hotels mit **Thalassotherapie** (www.thalassoline.com). Das Wellness-Programm umfasst u. a. Meerwasserduschen, Meerschlammwickel, Algenpackungen, Massagen, Sauerstofftherapie, Wassergymnastik.

Wintersport

Acht Skizentren in den Pyrenäen bieten insgesamt 150 km Pisten und 300 km Loipen auf 1500 bis 2600 m Höhe. Info: www.neigescatalanes.com.

PETIT DÉJ

Der kulinarische Start in den Tag fällt in Frankreich eher bescheiden aus. Nur wenige Hotels servieren ein reichhaltiges Buffet zum *petit déj(euner),* die meisten halten es mit Baguette und Marmelade wie die Franzosen daheim. Vor allem das begleitende Getränk enttäuscht oftmals: Wie soll so ein Blümchenkaffee die Lebensgeister wecken? Machen Sie also einen kleinen Morgenspaziergang, kaufen beim Bäcker ein frisches Croissant und bestellen dazu in einer Bar *un café, un double* oder *un grand crème.*

ÜBERNACHTEN

Im Languedoc gibt es Hotels, Ferienhäuser, Gästezimmer und Campingplätze für jeden Geschmack und jeden Geldbeutel. Im Juli und August sind viele Unterkünfte in den Touristenhochburgen jedoch weit im Voraus ausgebucht und die Preise liegen um ein Zwei- bis Dreifaches höher als in der Nebensaison. Zwischen Allerheiligen und Ostern verwaisen die Feriensträdte am Meer. Nicht nur Campingplätze, sondern auch viele Hotels sind dort dann geschlossen, während in den Pyrenäen Hochbetrieb herrscht. Einen Überblick über die Unterkunftsmöglichkeiten gibt die regionale Tourismuszentrale (www.tourismus-okzitanien.de).

Hotels

Französische Hotels werden je nach Standard mit ein bis fünf Sternen klassifiziert, wobei der Charme eines Hauses unberücksichtigt bleibt. Die Übernachtungspreise schließen das Frühstück in der Regel nicht mit ein. Alleinreisende zahlen häufig den vollen Tarif. In Hotels mit gutem Restaurant lohnt es, Halbpension zu wählen. In der Hochsaison ist sie mancherorts obligatorisch.

Ein gutes Preis-Leistungsverhältnis und eine solide Ausstattung bieten die am gelbgrünen Kaminsymbol erkennbaren **Logis de France,** die meist als Familienbetrieb geführt werden (www.logishotels.com/de). Höchsten Ansprüchen genügen die Häuser des Verbands **Châteaux et Hôtels Collection** (www.chateaux hotels.com). Wer auf der Durchreise eine preiswerte Unterkunft sucht, findet an fast jeder Autobahnausfahrt ein Formule 1 (https://hotelf1.accor.com) oder ein Ibis Budget (www.ibis.com).

Eine landesweite **Hotelsuche** erlaubt neben den großen Hotelportalen auch die Website www.hotel-france.com. Verlässliche Hotel- und Restaurantkritiken finden sich bei Michelin (www.viamichelin.com) und Gault-Millau (https://fr.gaultmillau.com).

Chambre d'hôtes

Die Unterbringung im *chambre d'hôtes,* die französische Variante des britischen B&B, erfreut sich wachsender Beliebtheit, gibt sie doch Gelegenheit, Land und Leute näher kennen zu lernen. Das Angebot reicht vom einfachen Zimmer mit Etagenbad bis hin zu luxuriösen Suiten auf Weingütern oder Schlössern. Letztere sind zwar oft landschaftlich schön, aber einsam gelegen, und die Anfahrt über holprige Feldwege kann abschreckend wirken. Das Frühstück ist in der Regel im Übernachtungspreis enthalten. Einige Vermieter stellen ihren Gästen eine Küche zur Selbstversorgung zur Verfügung, andere laden an die *table d'hôtes* (Gästetisch) zum gemeinsamen Abendessen ein. Eine rechtzeitige Reservierung ist bei dieser Form der Beherbergung unerlässlich. Über das Angebot informieren Clevacances (www.clevacances.com) und Gîtes de France (www.gites-de-france.com) sowie zunehmend die großen Hotelportale.

Ferienhäuser und Apartments

Ferienhäuser und Apartments sind neben Campingplätzen die verbreitetste Beherbergungsart in den Touristenzentren an der Küste. Zwei frankreichweit operierende Organisationen – Gîtes de France und Clevacances (s. o.) – helfen bei der Suche nach dem passenden Objekt. Je nach Lage, Größe und Ausstattung erfolgt die Klassifizierung der Unterkünfte mit ein bis vier Ähren *(épi)* bzw. ein bis fünf Schlüsseln *(clé)*.

Jugendherbergen

Eine *auberge de jeunesse* gibt es in Nîmes, Montpellier, Sète, Carcassonne, Quillan und Perpignan. Die Häuser sind eher schlicht ausgestattet, aber die Übernachtung ist unschlagbar preiswert. Ein internationaler Jugendherbergsausweis ist erforderlich (www.fuaj.org).

Camping

Die Auswahl an Campingmöglichkeiten an der 220 km langen Küste ist immens groß, und dennoch buchen passionierte Camper ihren Lieblingsplatz bei der Abreise gleich fürs nächste Jahr. Ob man nun idyllisches Camping auf dem Bauernhof bevorzugt oder das Riesenterrain mit Pool, Tennis, Disco und Veranstaltungsprogramm – jeder wird das Passende finden. Vielerorts können auch Bungalows, Hütten, Wohnwagen oder fest installierte Zelte gemietet werden (www.campingfrance.com).

VERKEHRSMITTEL

Bahn

Nahverkehrszüge fahren mehrmals täglich auf den Hauptstrecken Nîmes – Montpellier – Perpignan und Narbonne – Carcassonne – Toulouse sowie auf den Nebenstrecken Nîmes – Ales, Nîmes – Grau-du-Roi, Béziers – Bédarieux, Carcassonne – Quillan, Perpignan – Villefranche. Mit Ausnahme Nîmes – Ales kostet das Ticket auf den Nebenstrecken 1 €. Auf vielen anderen Abschnitten fährt man günstig bei frühzeitiger Buchung im Internet (www.ter.sncf.com/occitanie).

Bus

In den größeren Städten – mit Ausnahme von Montpellier– gibt es einen zentralen Busbahnhof *(gare routière)*. Die Verbindung auf den Hauptstrecken ist werktags gut, sonntags ist der Verkehr eingeschränkt. Sogar viele Orte im Hinterland sind per Bus gut zu erreichen. Das Busticket kostet unabhängig von der Streckenlänge innerhalb eines Départements zwischen 1 € und 1,60 €. Infos zu den einzelnen Départements unter:https://lio.laregion.fr.

Auto

Verkehrsregeln: Das Tempolimit beträgt innerorts 50 km/h, auf Landstraßen 90 km/h bzw. 80 km/h bei Nässe, auf Schnellstraßen 110 km/h bzw. 100 km/h, auf Autobahnen 130 km/h bzw. 110 km/h. Vielerorts überwachen fest installierte Radargeräte die Geschwindigkeit. Die Alkoholgrenze liegt bei 0,5 Promille. Es besteht auf allen Sitzen Anschnallpflicht. Die Handybenutzung während der Fahrt ist verboten. Autos im Kreisverkehr haben Vorfahrt. Das Schild ›*Toutes Directions*‹ weist Durchreisende durch Städte und Dörfer. Die Geldbußen für Verkehrssünder sind drastisch und werden auch grenzüberschreitend zugestellt.

Parken: In Nîmes und Montpellier steuern Sie am besten die kostengünstige P+R-Plätze am Stadtrand an, überall sonst parken Sie am bequemsten in den ausgewiesenen und meist überwachten Parkhäusern. In der *zone bleue* darf nur mit Parkscheibe geparkt werden. Ein gelber Streifen am Straßenrand bedeutet absolutes Halteverbot.

Tanken: Das Tankstellennetz ist dicht. Jedoch finden sich nach 19 Uhr und an Sonntagen oft nur Selbstbedienungszapfsäulen, an denen per Bankkarte mit Pin bezahlt wird. Benzin *(essence),* Super Plus 98, Biotreibstoff *(biocarburant, SP95-E10)* und Diesel *(gazole)* kosten ähnlich viel wie in Deutschland. Am preiswertesten ist das Tanken an den Stationen der Supermärkte.

Im Falle eines Unfalls: Grüne Versicherungskarte (für Österreicher und Schweizer Pflicht) und Auslandsschutzbrief vereinfachen im Falle eines Unfalls die Einigung mit dem Unfallgegner und mit dessen Versicherung. Unbedingt sollte das Europäische Unfallprotokoll mitgeführt werden!

O-Ton Languedoc

Bonjour

Einen ›guten Tag‹ wünschen Sie zur Begrüßung. Schon am Nachmittag ist *bonsoir* (guten Abend) zu hören.

machin

Dings
Universalwort, wenn Ihnen eine Vokabel oder ein Name nicht einfällt. Alternativ auch *truc*.

BON APPETIT!

Guten Appetit!
Kurz vor 12 Uhr mittags lautet so gemeinhin der Gruß.

Volontiers

gerne
Hört man gerne.

TOUTES DIRECTIONS

Alle Richtungen
Wenn das Navi versagt, hilft dieses Schild aus der Stadt hinaus. – Nicht immer auf dem kürzesten Weg.

Merci

danke
Ist nicht nur eine Schokoladensorte.

IMPEC

Kurz für *impeccable*, wenn alles optimal läuft.

ÇA MARCHE

das läuft
Bedeutet: ›geht in Ordnung‹, ›das klappt‹.

le midi

der Mittag
Gemeint ist der Süden, denn dort steht am Mittag – aber nicht nur dann – die Sonne.

Zut!

Ausruf der Verärgerung, wenn es nicht läuft.

à plus

bis später (korrekt: à plus tard)
»A plus« – mit gezischtem ›S‹ am Ende – heißt es lässig zum Abschied. Alors à plus dans le Midi!

Register

Register

Das Klima im Blick

Reisen bereichert und verbindet Menschen und Kulturen. Wer reist, erzeugt auch CO_2. Der Flugverkehr trägt mit bis zu 10 % zur globalen Erwärmung bei. Wer das Klima schützen will, sollte sich – wenn möglich – für eine schonendere Reiseform entscheiden oder die Projekte von atmosfair unterstützen. Flugpassagiere spenden einen kilometerabhängigen Beitrag für die von ihnen verursachten Emissionen und finanzieren damit Projekte in Entwicklungsländern, die dort den Ausstoß von Klimagasen verringern helfen (www. atmosfair.de). Auch die Mitarbeiter des DuMont Reiseverlags fliegen mit atmosfair!

Abbildungsnachweis

Getty Images, München: S. 100 (AFP/Raymond Roig); 40 (Alan Copson); 79 (George Steinmetz); 106 (Nigel Noyes); 104 (Owen Franken)

Glow Images, München: S. 76, 105 (Deposit photos); 26 (SuperStock)

Huber-Images, Garmisch-Partenkirchen: S. 73 (Hans-Georg Eiben); 84 (Luigi Vaccarella); 11 (Matteo Carassale); 20 (Maurizio Rellini); 30 (Roland Gerth)

laif, Köln: S. 120/2 (Allpix/Eric Catarina); 120/4 (Allpix/Patrick Aventurier); 120/6 (Gamma-Rapho/Bertrand Laforêt); 48 (Gamma-Rapho/Bruno de Hogues); 120/1 (Gamma-Rapho/Keystone-France); 39 (hemis.fr/Arnaud Spani); 63 (hemis.fr/ Jean-Pierre Degas); Titelbild, Faltplan (hemis.fr/Lionel Montico); 85 (hemis.fr/ Patrick Escudero); 94 (hemis.fr/Patrick Frilet); 25, 49 (hemis.fr/Rene Mattes); 120/7 (Keystone Schweiz); 120/3 (Leemage/Opale/Hannah Assouline); 29 (Patrick Frilet); 120/5 (REA/Lydie Lecarpentier); 92 (REA/Pierre Merimée); 120/9 (UPI/David Silpa)

Marianne Bongartz, Köln: Umschlagklappe hinten, Umschlagklappe vorn, 4 o., 4 u., 7, 8/9, 14/15, 18, 32/33, 35, 44, 47, 52, 54/55, 58, 59, 62, 65, 66 o., 66 u., 68/69, 72, 80, 81, 83, 86/87, 95, 96, 103, 120/8

MATO, Hamburg: S. 99 (Onlyfrance/Bertrand Bodin)

Mauritius Images, Mittenwald: S. 42 (Alamy/Digitalman); 90 (Alamy/Provence); 91 (Alamy/Rolf Richardson); 60 (imagebroker/Peter Giovannini); 23 (Rene Mattes)

Zeichnung S. 3: Gerald Konopik, Fürstenfeldbruck

Zeichnung S. 5: Antonia Selzer, Lörrach

Kartografie

DuMont Reisekartografie, Fürstenfeldbruck
© DuMont Reiseverlag, Ostfildern

Bildlegenden

Titelbild: Bis an den Fuß des Mont St-Clair scheinen sich die Reihen der Austerntische über den Etang de Thau zu erstrecken. In den Fluten der Lagune, heißt es, soll beim Ausbruch des Vulkans von Agde die antike Stadt Polygium untergegangen sein.

Umschlagklappe hinten: *C'est le vrai sud* – das ist der wahre Süden, wenn im Sommer die engen Dorfgassen zum Lebensmittelpunkt werden.

Hinweis: Autorin und Verlag haben alle Informationen mit größtmöglicher Sorgfalt geprüft. Gleichwohl erfolgen alle Angaben ohne Gewähr. Infolge der Corona-Pandemie im Jahr 2020 kann es darüber hinaus zu kurzfristigen Geschäftsschließungen und anderen Änderungen vor Ort gekommen sein. Bitte schreiben Sie uns! Über Ihre Rückmeldung zum Buch und Verbesserungsvorschläge freuen sich Autorin und Verlag:
DuMont Reiseverlag, Postfach 3151, 73751 Ostfildern,
info@dumontreise.de, www.dumontreise.de

2., aktualisierte Auflage 2021
© DuMont Reiseverlag, Ostfildern
Alle Rechte vorbehalten
Autorin: Marianne Bongartz
Grafisches Konzept: Eggers+Diaper, Potsdam
Printed in China

Kennen Sie die?

Georges Brassens
Als Jugendlicher brannte er nach Paris durch. Mit seinen Chansons über Gott, die Liebe, das Leben, die Freundschaft und den Tod wurde er weltberühmt. Seine letzte Ruhe fand er in seiner Heimatstadt Sète.

Juliette Gréco
Die Schauspielerin und Grande Dame des Chansons galt als Muse der französischen Existenzialisten. Ihr Geburtsort Montpellier verlieh ihr die Ehrenbürgerschaft.

Michel Galabru
Er wuchs im Hérault auf. Berühmt wurde er an der Seite von Louis de Funès als Gendarme von St-Tropez. Unvergessen auch sein kurzer Auftritt bei den »Sch'tis« als schrulliger Alter, der den Norden Frankreichs so fürchtet.

Olivia Ruiz
Mit 21 wurde die Sängerin aus dem Aude Zweite bei Star Academy, dem französischen Pendant zu DSDS. Der große Durchbruch gelang 2005 mit dem Album »La Femme chocolat«, das es in Deutschland auf Platz 43 schaffte.

Pierre Soulages
Seit über 40 Jahren verbringt der Maler viel Zeit in seinem Atelier auf dem Mont St-Clair in Sète zwischen Meer und Himmel. Dennoch, seine Bilder sind monochrom schwarz. Zu sehen im Museum seiner Heimatstadt Rodez.

Bernadette Lafont
Die gebürtige Nîmoise wurde in den späten 1950er-Jahren für den französischen Film entdeckt, spielte unter der Regie von François Truffaut und Claude Chabrol. Für ihr Lebenswerk erhielt sie 2003 einen Ehren-César.

Charles Trenet
Als Schauspieler, Dichter, Komponist und Sänger machte der gebürtige Narbonnais in der Hauptstadt Karriere. Sein vielleicht schönstes Lied ist »La mer«.

La Mamma
Sie ist das Werk von Richard Di Rossa, genannt Buddy, und wacht über den Place de l'Hospitalet im Quartier Haut in Sète.

Pierre Richard
»Der große Blonde mit dem schwarzen Schuh« fand in den 1980er-Jahren eine neue ›Rolle‹ als Winzer auf dem Château Bel Evêque bei Gruissan.